習近平が尖閣を占領する日

日高義樹
Yoshiki Hidaka

ハ也書房

まえがき

日本を取り巻くアジア西太平洋で、第三次世界大戦が始まろうとしている。日本を取り囲むこの海域には、いまやアメリカ、中国、ロシア、イギリス、フランスなどの空母や新しい高性能の海上艦艇が多数投入されて、第二次大戦時以上の危険な軍事対決の場になっている。空母艦載機や最新鋭のクルージングミサイルには小型核兵器を搭載する能力があり、いったん戦いが始まれば、日本人が忌《い》み嫌っている核戦争になる。

いま西太平洋を中心に始まろうとしている第三次世界大戦というのは、これまで歴史上くり返されてきた戦争と異なり、超長距離の戦い、つまりはるか彼方の敵に対して正確に拠点を攻撃する兵器体系による戦争になる。これまでの戦いのように敵から遠く離れていることは、安全の条件にはまったくならない。

第三次世界大戦の戦いでは、はるか彼方から攻撃を加えてくる兵器が驚くべき正確さですべてを破壊してしまう。距離と正確性において、これまでとはまったく次元の異なった戦いなのである。

しかも恐るべきことには、科学技術の急速な発達によって、敵対する同士が、ほぼ同じ性能の兵器や弾薬を持つことになる。いまや、この恐ろしい兵器体系による破壊が世界で始まろうとしている。

はるか彼方の目に見えない敵があっという間に、数千キロの空間を越えて攻撃を加えてくる。しかも、これまでは考えられもしなかった正確な攻撃力を持っている。

第三次世界大戦というのは、これまでくり返されてきた戦争のように、互いが敵対的な姿勢をとることから始まり、徐々に拡大していくのではない。敵対的な姿勢が直ちに絶対的な対決となり、そのうえ予想もつかないような攻撃があっという間に頭上から降ってくる。いま西太平洋で始まろうとしている戦いは、世界そのものを破壊し、滅亡させかねない。

歴史にあるこれまでの戦争では、争いを始めた国々の指導者には試行錯誤をくり返すことができるという余裕があった。そして、その試行錯誤が戦争というものでもあった。つまり、無能で想像力のない指導者が間違って戦争を始めてしまっても、距離と破壊力の限界というものが間違いを正す時間を与えてきた。ところが、いま世界が保有している新しい兵器体系は、距離と時間をあっという間に飛び越えて、取り返しのつかない破局をもたらす悲劇的な力を持っている。

現在の世界の指導者たち、アメリカのジョー・バイデン、日本の菅義偉、ロシアのウラジミール・プーチン、中国の習近平といった人々は、これまでの歴史上の指導者たちと比べて明らかにその能力が劣り、洞察力も、想像力をも持っているとは思われない。こうした劣った指導者たちが始めようとしている第三次世界大戦は、人類と世界の滅亡に直結している。その恐ろしさの幾分かでも示すことができればと思って、この本を書いた。

日高義樹

目次

編　集／白石泰稔
装　丁／柿木貴光
著者撮影／岩本幸太
カバー写真／産経新聞社

第一章 西太平洋米中戦争が始まる

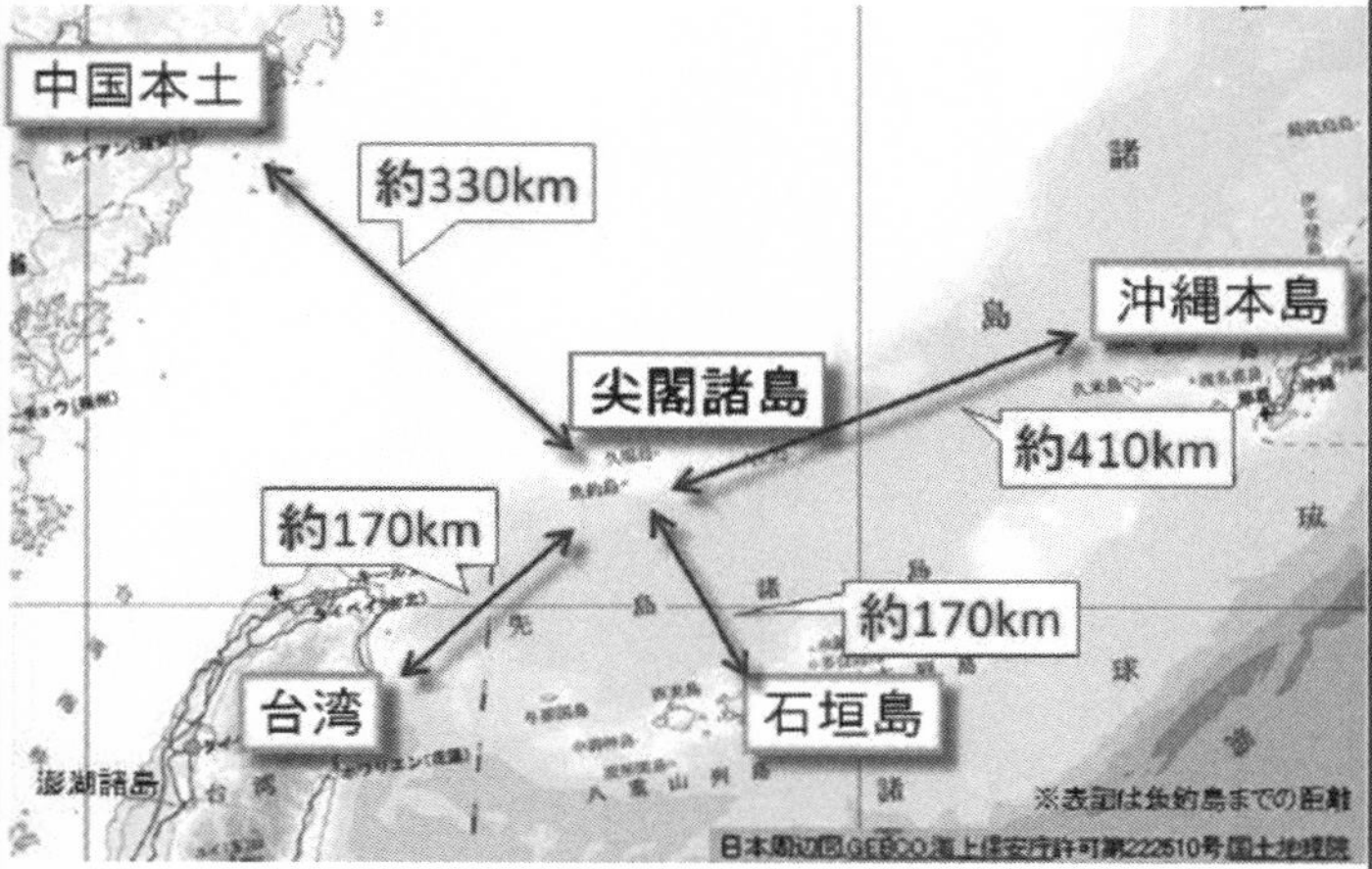

尖閣諸島の地図◆外務省　尖閣諸島に関する資料『尖閣諸島について』より

第一部　西太平洋が世界で最も危険な海域になった

二〇二二年の四月初め、在日米軍の主力戦闘集団であるアメリカ第五空軍、第三十五飛行団のF－16二四機が、横田基地を経由して南シナ海上空を飛行した。アメリカ空軍当局によれば、実弾や発射装置をアクティブ、つまりいつでも発射可能の状態にしたミサイルを搭載し、軍事パトロールを実施した。

このアメリカの軍事行動に対抗して中国側は、一年前に就航させた初の国産空母『山《さん》東《とう》』七万トンを中心に、数隻の海上艦艇から成る機動艦隊を南シナ海に送り込んだ。この中国の動きに呼応して台湾、そしてフィリピンも、新鋭の海上艦艇と潜水艦部隊を派遣した。

日本列島の南から西に広がる西太平洋は、いまや世界各国の海軍艦艇が入り乱れる、軍事的にもっとも危険な海域となった。第二次大戦が終わって以来七十年あまり、大きな戦いのなかったこの地域がいまや、世界戦争の場と化そうとしている。

西太平洋は世界地図上では、そうした名称では記されていない。アメリカ海軍、とくに第七艦隊が日常使っている俗称である。その海域は、東は東経百八〇度前後、北はオホーツク海、東は中国大陸からシンガポール、南は赤道のあたり、インドネシアの島々を境としている。

東西に数千キロ、南北数千キロ、太平洋全体のほぼ四割を占めているこの広大な海域では現在、アメリカ、中国、台湾、ロシア、日本、それにイギリスやフランスも加わり、海軍艦艇による大規模な軍事行動がくり広げられている。

西太平洋というのは、いま述べたように、東は中国大陸、西は日付変更線からハワイ、そして南が赤道からインドネシアとされているが、その中には日本列島から沖縄、フィリピン、それにミクロネシア諸島の島々がある。赤道の周辺と南には、マレーシア、ベトナム、インドネシアといった国々が存在しており、これまでも漁業権や地下資源の所有をめぐって対立が続いてきた。

そうした各国の対立は、しばしば紛争に発展したが、中国が軍事力を急速に増強し、多くの艦艇を送り込むようになって以来、各国ともそれに対抗して軍事行動を展開し、一触即発の危険な海域になっている。

私はアメリカの原子力ミサイル潜水艦『ペンシルベニア』、原子力クルージングミサイル潜水艦の『ミシガン』や『オハイオ』、それに幾隻かの原子力攻撃型潜水艦に同乗して、アメリカ第七艦隊の西太平洋における軍事行動を取材し続けてきた。

振り返ってみると私は、NHK時代、そして定年退職後、民間放送のために「日高義樹のワシントン・レポート」を制作した十七年半を合わせると、三十年以上にわたってアメリカ海軍のほとんどすべての艦艇に同乗した。空母には一一回、駆逐艦や巡洋艦には数え切れないほど乗った。

私がアメリカの潜水艦や空母、海上艦艇で、南はシンガポールから北は横須賀、東はハワイから西はベトナム、香港に至るまで、綿密にアメリカの軍事行動を取材して回った頃と比べると、いまや状況は大きく一変した。すでに述べたように中国の海軍力が飛躍的に増強され、世界各国の艦艇もこの西太平洋に軍事的な影響力を及ぼし始めている。当然のことながら、その主力はアメリカ海軍と空軍である。

アメリカのバイデン大統領は二〇二一年一月二十日、就任早々アメリカの空母攻撃艦隊『セオドア・ルーズベルト』以下数隻の艦隊を南シナ海に送り込んだが、このときも中国側は空母『山東』を、護衛駆逐艦隊とともに直ちに南シナ海に派遣して対抗措置をとった。

この頃、アメリカ空軍は改造して能力を格段に高めた戦略爆撃機B－52Hと、ステルス性の高いB－1爆撃機をアメリカ本土からグアム島に進出させるとともに、南シナ海海上から中国本土周辺へのパトロール行動を開始した。それと前後して、アメリカ第七艦隊はパール・ハーバーとサンディエゴにいた原子力空母『カール・ヴィンセン』、『ロナルド・レーガン』、それに『ジョージ・ワシントン』を台湾海峡に送り込んだのち、南太平洋で軍事訓練を開始した。

バイデンが登場早々に指令した軍事行動の裏には、一般にはあまり知られていない緊迫した情勢があった。バイデン政権が発足する以前から、アメリカの戦略体制の中心になっているネブラスカ州オフワットにある戦略空軍の通信基地が数回にわたってハッキングされ、電波妨害を受けていたのである。

この戦略空軍基地は、アメリカ全土に配備されている大陸間弾道ミサイルＩＣＢＭ、ミニットマンを統括している。ＩＣＢＭミニットマンはアメリカ戦略体制の中核である。メガトン級の核弾頭を搭載したミサイルは大統領の命令一下、三十分後にはモスクワや北京を攻撃し、破壊する。

そうしたアメリカの戦略体制の中心にサイバー攻撃が仕掛けられた。アメリカに対する明白な挑戦である。一歩進めば戦争状態になる。この危険な状況に対処するため、アメリカ戦略空軍と地球防衛軍は戦略爆撃機をアメリカ本土からグアム島やフィリピン、沖縄や韓国のオサンに移動させた。

私はこうした情報を、ペンタゴン記者時代から会員になっているアメリカ空軍協会から受け取った。私は一九六〇年代の初め、日本人ジャーナリストとして初めてICBMミニットマンの基地を訪れ、ドキュメンタリー番組をつくったが、アメリカの政権交代のどさくさに紛れて、ロシアか中国がアメリカの戦略体制の中心にサイバー攻撃を仕掛けたという情報に、時代の大きな変化を感じざるを得なかった。

アメリカの戦略体制の危機に直面したバイデン大統領は、アメリカのルイジアナ州パークスデールのB–52戦略基地から第二航空団の二四機の戦略爆撃B–52Hと、ノースダコタ州ミノー基地から第五航空団の四機のB–52Hを出撃させた。さらにはサウスダコタ州のエルスワース基地から第二十八航空団の一二機のB1B超音速マッハ一・二で飛ぶステルス性爆撃機を出撃させたのであった。これはまさに戦争状態の始まりを意味する動きだった。

すでに述べたように、アメリカ第七艦隊も西太平洋における行動を強化した。バイデン大統領の命令のもと、『セオドア・ルーズベルト』に続いて『ロナルド・レーガン』、『ジョージ・ワシントン』、『カール・ビンセン』の四つの空母を中心とした攻撃部隊を西太平洋に送り込んだのであった。この四隻は日本の横須賀、ハワイ、そしてグアムから出撃し、東シナ海を中心に警戒パトロールに入った。

アメリカ第七艦隊四隻の空母は、合わせて三〇〇機近い最新鋭の攻撃機を搭載している。その主力はアメリカ海軍が誇るF／A-18Eスーパーホーネットである。このスーパーホーネットのもっとも強力な兵器は電磁波レーザーで、敵のレーザー装置や基地を破壊してしまう。

こうしたアメリカ側の軍事行動に対抗して中国が、空母『山東』と『遼寧《りょうねい》』を中核とする空母攻撃部隊を南太平洋に送り込んだことはすでに述べたが、イギリス、フランスの海軍も西太平洋での軍事行動を強化している。

イギリスはオーストラリアのキャンベラに寄港していた最新鋭の空母『クイーン・エリザベス』六万八〇〇〇トンをシンガポールに送り込んでいる。この空母もアメリカ第七艦隊の空母と同じように、優れた電磁波兵器を装備した航空機を搭載している。「クイーン・エリザベス」には、三隻の新鋭駆逐艦と巡洋艦が同行している。

イギリス海軍当局は何の発表も行っていないが、この空母攻撃艦隊と同行して、イギリス海軍の潜水艦二隻もシンガポール周辺での軍事作戦を開始した。今後は南シナ海を通り、日本を訪問する予定だ。フランス政府は新しく核燃料を補給し終わった原子力空母『シャルル・ド・ゴール』と、三隻の海上艦艇をインドネシア周辺からフィリピン沖に送り込もうとしている。

これと前後して、日本の海上自衛隊や台湾、それにフィリピン海軍の艦艇も東シナ海から南シナ海にかけての海域で第七艦隊の動きに呼応する実戦パトロールを開始した。かくして東シナ海から日本周辺、フィリピンの南からインドネシア、南シナ海は世界各国の最新鋭の艦艇による軍事作戦の場所になっている。

アメリカと中国、日本、イギリス、フランスの空母機動艦隊や潜水艦隊が入り乱れての軍事行動を展開している西太平洋にロシアもまた、ウラジオストクから新鋭の原子力潜水艦や上陸用艦艇を出動させ、軍事デモンストレーションをくり返している。

ロシアと中国はいわば軍事同盟国であり、協力体制をとっていると考えられているが、基本的には対立関係にある。ロシアは、中国が「ウラジオストクを含め極東ロシアをもともとは自分のものであると主張し、取り返そうとしている」と警戒している。アメリカ第七艦隊の首脳たちは、私に次のように述べている。

「ロシアと中国の軍事協力については不明確な部分が多い。日本海から東シナ海にかけての中国とロシアの軍事行動については情報が非常に少ない」

こういった西太平洋の軍事情勢をさらに複雑にしているのは、マラッカ海峡の航行の安全を確保するため、アメリカ第七艦隊がその活動拠点を横須賀だけでなく、南シナ海の端にあるシンガポールにも設けようとしていることである。いずれにしても、西太平洋全域における軍事的な緊張は今後も高まる一方であると予想されている。

そうしたなかで、日本にとってもっとも重要な問題は、尖閣列島に対する中国の不法な活動である。

第二部　尖閣を盗み取る中国の秘密作戦が始まる

西太平洋波高し。

軍事的な危険が急速に高まっているなか、アメリカをはじめ世界各国が軍事パトロールを行い、偵察活動を強化しているが、私は番組を制作していた当時、アメリカの対潜水艦警戒機Ｅ８に同乗し、尖閣列島周辺を訪れたことがある。

尖閣列島は大雑把に言って、最大の魚釣島から連なる七つの小さな島と岩礁《がんしょう》から成っている。一番大きな魚釣島は三つのほぼ縦に並んだ岩山から成り、その周辺に波間から顔を出した小さな岩や、北側には海面から何らかの圧力で海上に押し出されてきたかなり広い、縦横ほぼ一キロを超える平な岩肌から成っている。

私が乗った対潜水艦警戒機８Ｅがゆっくりと飛ぶ東シナ海は当時、中国のよこしまな国際法違反行為や、日本領土の不当な占領、武力介入など予想もできない平穏な風景を見せていた。だが、この風景はいまや一変した。

アメリカのＣＩＡが集めている情報によると、中国の習近平はアメリカと日本がつくりあげている中国包囲網を破壊するための最初の武力行動として尖閣列島を占拠し、軍事基地にしようとしている。

この情報についてアメリカ政府側は、何の公式な発表も行っていないが、アメリカ海軍の消息筋によると、習近平は北京での秘密会議の席上、「台湾を攻撃する前に尖閣列島を占拠し、軍事基地にする」と述べた。

「尖閣列島を占領すれば、台湾を東側から攻撃できることになり、軍事的にきわめて有利な立場に立つ」

習近平はこう強調したと言われているが、この構想は東シナ海をめぐる中国の基本戦略が大きく変わったことを示している。中国はこれまで東シナ海では、アメリカや日本の動きを妨害することを基本的な戦略にしてきたが、それを「日本領土への侵略」という積極的な戦略に変えたのである。

アメリカCIAは、習近平が実際に尖閣列島に対して侵略行動を始めるのは一年ほど先だと見ているが、習近平が考えている侵略は、これまで国際社会でくり返されてきたような単純なものではなく、秘密裏に断行する建設工事など、様々な策略を凝《こ》らしたものになる見通しが強い。

歴史的に考えると、尖閣列島の占領は、習近平が西太平洋において不法な侵略を実際に開始する日になる。アジア西太平洋における新しい動きの始まりと受け取る必要がある。習近平が日本の領土である尖閣列島を武力占領すると決めた日は、まさに日本にとっては国際的にも歴史的にも屈辱の日となる。

習近平はこの沖縄本島から北へほぼ四〇〇キロ、世界の公海のなかに存在する日本の国土を「中国のものだ」と、よこしまな主張を続けてきた。しかし、これまでのところは周辺における漁業権を主張するにとどまり、軍事力をもって占領する動きは見せなかった。しかしながら習近平は、これまでの主張を大きく変え、国際的に無法、不法としか考えられない行動を始めようとしている。

習近平の主張は、まったくいわれのないものである。歴史の古い文書から見ても、尖閣列島とその周辺の海域は日本の国土である。また国際法上も日本の領土であるという通念は確立されている。アメリカをはじめ世界各国とも、それを認めている。

こうした歴史的にも地理的にも日本の国土である尖閣列島を、習近平は武力でもって占拠し、軍事基地を建設しようとしている。尖閣を武力で占拠するという構想は無論、中国側が公にしているわけではない。しかしながら、アメリカＣＩＡをはじめ諜報機関が集めている情報によると、習近平は度重なる外交、内政に対する国民の不満に対応するために、何か衝撃的な動きをせざるを得なくなっている。

香港の不法収奪や、ウイグルなど中国国内少数民族の虐殺に対する国際的な非難が高まり、習近平は追い詰められている。アメリカの多くの専門家も習近平が中国の力を示すために、尖閣列島の武力占領という不法な構想を推し進めていることはまぎれもない事実であると見ている。

習近平の不法な日本領土に対する武力占拠がいつ始まるのか、いまのところ明確な情報はない。しかし、その時期は近づいている。習近平があらゆる不法な行動を秘密裏《ひみつり》に積み重ねて、尖閣列島に中国軍の基地をつくる日は急速に近づいている。

アメリカ海軍の研究機関が推定している習近平の尖閣列島に対する武力侵入のシナリオは秘密作戦で、その内容はほぼ次の通りである。

習近平による尖閣列島侵略は、これまで一般には考えられなかった形になる。最初に実戦部隊を送り込み上陸させて、軍事占領するという単純な形はとらないと見られる。中国側の軍事行動はまず、アメリカの監視衛星をはじめスパイ探知網をめくらますことから始まる。

アメリカのスパイ探知衛星や情報収集衛星は、世界でもっとも優れており、アメリカ国家安全保障局の指揮系統下に置かれて、地球上のあらゆる行動を追跡している。しかしながら、その責任者たちの話を総合すると、アメリカのスパイ探査衛星や情報衛星は、いかに優れているとはいえ完全なものではない。しばしば厚い雲によってその性能が阻害され、地球上の動きを十分に探知することが難しいと言われている。

歴代のアメリカ大統領のなかでもクリントン大統領はこうしたアメリカのスパイ探知作戦に関心を持ち、その能力を強化する政策をとったが、クリントン政権下で監視衛星体制の総責任者であり、私の友人でもあったアメリカ陸軍のオドム中将がこう言ったことがある。

「アメリカの電子工学は日ごとに改良され、その能力を強化している。しかしながら、自然の力には及ばず、雲の厚い悪天候が長く続くと、その探知能力は著しく阻害されてしまう」

こうした状況のもとで習近平はアメリカ側の衛星監視網を潜《くぐ》り抜けて、尖閣列島を不法武力占拠するための基地をつくろうとしている。東シナ海では、六月から夏の終わりにかけてしばしば台風が訪れ、習近平に不法行動を実行する絶好の機会を与えることになる。

そうした自然状況を利用するだけでなく中国側は、一方的な漁業権の主張のもと、尖閣列島周辺に送りこんでいる数千に上る漁船団を悪用しようとしている。日本をはじめ世界の人々は、連日のように尖閣列島に押しかける中国の漁船団について聞くことに飽き飽きしていると同時に、寛大にもなってしまっている。

習近平はこうした人々の慣れに乗じて漁船団を使い、軍事建設のための機材や機械を尖閣列島に運びこもうと考えている。アメリカ海軍の首脳は私にこう言っている。

「基地をつくるためのコンクリートや鉄筋、さらに多くの機材は漁船によって簡単に尖閣列島に運び込むことができる。日本もアメリカもそして世界のあらゆる国際機関も尖閣列島に、中国を監視、監督するための機関を置いているわけではない。漁船を使って建築資材や建築のための機械を送り込むことは、きわめてたやすいことだ」

ビルの建築現場でも見られるように、巨大なクレーンをはじめ大きな機械は、小さな部品から成り立っており、分解して運べば、一トンに満たない小さな漁船でも簡単に運ぶことが可能である。

一方、中国は「海防軍」と呼ばれる日本の海上保安庁に似た海上警備のための組織とその艦艇を、尖閣列島周辺に常駐させており、その海防艦の通信技能やテレコミュニケーションの能力を使おうと考えている。中国側には、尖閣列島における基地づくりや、岩山をくり抜く作業を容易に手助けする科学的な手段が十分にあるわけだ。

習近平が考えている尖閣列島に対する基地づくりは、すべて秘密主義のもとに行われる不法行動であり、国際社会ではまったく認められないものである。しかし、そうした基地づくりによって結果的に、日本の国土を軍事的に占領してしまおうとしている。

習近平の攻勢はきわめて組織的に、秩序立って行われている。これは日本政府がはっきりとした対応策をとっていないからだ。

尖閣列島が日本のものであるのは、これまでも述べてきたように紛れもない事実であり、習近平としても否定しようがない。したがって、実力で奪い取ろうとしているのである。

習近平の実力を行使しての不法行為に対抗するためには、実力行使が必要となる。だが、この重要な点を、日本と日本政府は明確に認識していない。不法に実力をふるい、無法行為を働く者に対抗するには実力行使しかないという事実を、長いあいだの平和主義に毒された日本の人々は理解できなくなっている。

第三部　中国が尖閣地下に軍事基地を構築する

習近平がつくろうとしているのは、尖閣列島の最大の島の大きな岩山と広い岩盤地帯を利用した地下軍事基地である。もっとも重要になると思われるのは、岩山をくり抜いてつくられる地下の空軍基地である。

岩場に現れた外の部分を合わせて幅ほぼ三〇メートル、長さおよそ二〇〇〇メートルの滑走路、それに最新機器を備えた軍事施設が建設されるというのが、アメリカ海軍大学の付属機関である研究所の見解だ。

地下から発進する飛行場というのは、すでに冷戦時代にスウェーデンが建造し、ソビエトに対する強力な抑止力としての役割を果たしてきた。スウェーデンは、一九七〇年代から「最終戦闘機」と呼ばれる、マッハ2を飛ぶことのできるピジョンを第一線戦闘機として建造し、そのほとんどを、岩山をくり抜いた格納庫に収めた。この戦闘機を海上に向かう滑走路を使って発進させ、ソビエト空軍や海軍を攻撃する戦略体制を整えていたのである。

魚釣島の岩山がスカンジナビア半島のスウェーデンの地下軍事基地と同じような地形を有していることから習近平は、スウェーデン方式を取り入れ、地下からの空軍攻撃力による戦略の強化に重点を置こうとしている。

中国はすでにJ-19などレーダーに映らないステルス性の戦闘機の開発に成功している。衛星や偵察機による観察が困難な、地下の基地から発進するステルス戦闘機は、アメリカ第七艦隊や日本にとって重大な脅威になる。こういった地下の飛行場をつくるために、中国はアメリカの技術を盛んに盗んでいる。

アメリカのFBIは最近、中国の軍事スパイグループがアメリカ技術の先端である岩盤掘削機《くっさくき》、とくにシェールオイルの岩盤を打ち抜く特殊な研磨機を使った掘削技術を盗むとともに、そうした機器類を不法に取得しているとして検挙した。この事件に関連してアメリカFBIの関係者は、次のように述べている。

「アメリカはシェールオイルを掘削する岩盤掘削技術を開発したが、すでに数年前、シャイアン・マウンテンにある北米航空防衛司令部を大改造した際に、最先端を行く強力な岩盤掘削技術を開発している。シャイアンマウンテン全体をくり抜いて広大な軍事施設を建設したアメリカの岩盤掘削の技術と機械を中国が盗み、尖閣列島の地下基地建設に使おうとしている」

コロラド州コロラドスプリングスのシャイアン・マウンテンの岩山につくられた北米航空防衛司令部NORAD、現在は北米航空宇宙防衛司令部と呼ばれている基地は、私も幾度か訪れたことがあるが、大きな山ひとつを単にくり抜いただけではない。強力なバネを組み込んで弾性をつけ、広大な軍事施設をつくったのである。

このアメリカでもっとも重要な地下の軍事基地をつくった技術と機械を中国が盗み、東シナ海に同じような基地をつくろうとしている。しかも中国が尖閣列島につくろうとしているのは、空軍基地だけではない。やはり岩山をくり抜いた海軍基地の建設も目論んでいる。

こうした海軍基地は、これも冷戦時代、ソビエトからの核攻撃を恐れたスウェーデンが考え出したものである。潜水艦や水上艦艇を、岩山をくり抜いた洞窟のなかに隠して、ソビエトを奇襲攻撃する体制を整えていた。

私は岩山をくり抜いてつくられたスウェーデンの海軍基地を実際に取材したことがあるが、スウェーデン海軍が保有する艦艇や潜水艦の半分以上がこうした海軍基地に隠されていた。

習近平はスウェーデンの海軍基地を模倣してつくり、最新鋭のイージス駆逐艦や巡洋艦を魚釣島の岩山のなかに隠し、第七艦隊に対して奇襲攻撃をかけようとしている。

中国は西太平洋における第一線基地をすべて尖閣の島のなかに建設しようと目論んでいるが、さらに注目すべきは、クルージングミサイルや対航空攻撃ミサイルもすべて岩山のなかに隠し、日本本土や第七艦隊に不意打ちを食わせる体制を整えていることである。

もう一つ習近平がつくろうとしているのは、地上部隊を駐留させ、有事の際に沖縄や日本を攻撃する特殊部隊を隠しておく地下の基地である。その主力になるのは先に触れた、尖閣の島の平らな岩盤が海面から地上にせり出した形になっている地帯につくられる海中の軍事施設である。

アメリカ軍関係者の推定によると、習近平は一個師団程度の特殊部隊を尖閣列島に駐留させることを考えており、そのために地下に軍事基地を建設しようとしている。この基地建設のために中国側はすでにアメリカやヨーロッパの技術を盗んでいる。アメリカ軍当局者は、こう述べている。

「習近平が島の地下につくろうとしている地上部隊の駐留基地は、かつてアメリカが核戦争に備えて各地につくった避難シェルターをそっくり真似したものになるだろう。長期にわたって三万を超える地上部隊が駐留し、生活を続ける一方で、強力な兵器を保有して、第七艦隊や日本を攻撃する体制をとり続けることになる」

こうして中国の習近平は日本領土である尖閣列島に、歴史上まれに見る強力な地下の軍事基地を建設し、最強の軍事態勢を西太平洋上に確立しようとしている。

中国は、第一、第二国防ラインを設定し、アメリカの第七艦隊の接近を拒む体制をとってきたが、習近平はそうした受動的な戦略から、アメリカの第七艦隊や日本を積極的に攻撃するという能動的な戦略に大きく転換した。習近平はこの新しい戦略を実施するために、尖閣列島を占拠しようとしているのである。

中国の戦略の基本的な変化というのは、中国がアメリカに対抗できる強力な軍事力を持ったという自信の表れに他ならない。中国がアメリカを押しのけて西太平洋を占拠しようという強い野望を持っていることを示している。

中国が尖閣列島を一大攻撃拠点として維持しようと考えはじめている背後には、軍事力がアメリカと対抗できるものになったという強い自信がある。その一つが海軍力である。中国は小型ではあるが、いまや二隻の空母を保有し、さらに合わせて一〇隻の航空母艦を建造中である。中国海軍は、アメリカ的な空母攻撃部隊の能力と戦略を確立しつつある。

この中国の野望は、空母の数という点だけについていえば確かにその通りであるが、その実情はアメリカには遠く及ばない。アメリカは古い形のニミッツ型空母をすべて退役させ、一〇万トンの『ジョージ・ワシントン』クラスの最新鋭原子力空母を一〇隻揃えようとしている。

空母の大きさがアメリカは一〇万トン、中国は四万トン。中国の空母の大きさがアメリカの半分以下、四〇パーセントにすぎないというだけではない。搭載される兵器の量、質ともに中国側は大きくアメリカ側に劣ることを意味する。数のうえで一〇隻並べただけにすぎないとも言える。

中国はＤＦ‐21など最新鋭のクルージングミサイルを開発し、アメリカの空母を攻撃する能力を急速に強めている。しかしながら、これまではそうした新鋭兵器を発射するための基地に不足してきた。

中国は西太平洋のいわば中央部、アメリカの機動艦隊が行動している重要な海域の真ん中に最新鋭の攻撃兵器の発射拠点を建設しようとしているが、これは西太平洋地域の軍事的な情勢が一大変化したことを意味する。

中国側は、新しく開発した兵器体系を十分に使いこなすための新しい基地体制を強化する時代にすでに突入した。今後の中国は、第二、第三の基地を西太平洋の海域につくってくると考えられている。西太平洋の軍事情勢は、アメリカと日本にとってますます危険なものになりつつある。

中国が日本の領土である尖閣列島を、国際法を無視して占拠するという、むき出しの領土拡大の野心を明らかにしていることは、アメリカと対等の立場を持とうとしている意思の表れである。

そうした日本にとって危険な中国の意図は、中国が次にとろうとしている対日軍事侵略に明確に示される。尖閣列島が中国に奪われるという、いわば歴史的な大事件以上に日本が留意しなければならないのは、中国がこの領土的野心を今後どちらに向けてくるかという重要な問題である。

第四部　中国は次に沖縄を軍事占領する

西太平洋の広大な海域のなかで、中国政府がもっとも強い野心を抱き、軍事攻撃を仕掛けようとしているのが日本の沖縄本島を中心とする南西諸島の島々である。中国はこの島々が、軍事的、経済的に東シナ海から太平洋に乗り出し、世界の国々に強い影響力を行使するのを妨げていると考えている。沖縄と南西諸島は中国にとって、いまや領土拡大という飽くなき野心だけでなく敵意すら抱く対象となった。

いま私が述べているのは、日本本土の九州から南、台湾に至るほぼ一千数百キロの海域であり、そのほとんどを横切るように日本の南西諸島が位置している。ほぼ、その中央に沖縄本島がある。

ここは中国が、東シナ海から西太平洋へ出て、太平洋の国々を従え、北米から中米、南米に至る地域を制覇しようとすれば、何があっても力でもって押し通らなければならない地域となっている。

私はアメリカ第七艦隊の空母や旗艦『ブルーリッジ』、さらには最新鋭のイージス駆逐艦でこの海域を往復し、フィリピンから台湾、そして沖縄の鹿児島に至るほぼ一千数百キロの海域については、潮流をはじめ気候状況など、かなり詳しく頭に叩き込んでいるつもりである。

南西諸島から沖縄列島、宮古島から石垣島、台湾に至る海域は、中国が領土的な野心を燃え上がらせる前は、西太平洋の端にある長閑《のどか》な海域で、世界のニュースに登場することもあまりなかった。そうした、物静かな西太平洋への出口ともいうべき海域が緊張し始めたのは、中国が飽くなき領土拡大の野心を持った結果である。

私は前の部で、沖縄本島の北側にある尖閣列島を中国が無理やり武力占領することについて述べてきたが、中国からすれば尖閣列島をめぐる戦いは、世界における覇権争いの前哨戦に過ぎない。この前哨戦の先に来る、いわばメイン・バトルは沖縄本島の侵略、軍事的な不法占拠である。

我が国では沖縄が実質的には、アメリカの軍事的占領のもとにあることや、日本国土の重要な部分であることから、いかに無法な習近平といえども、沖縄を軍事占領するような冒険はしないと考えられてきた。しかしながら、習近平にも近いと言われる中国の政治家が私にこう言ったことがあった。

「習近平が尖閣列島の軍事占領を計画しているのは、その先に沖縄の占領を狙っているからですよ」

この話を聞いたときには私自身、アメリカ軍の強い影響力もあり、習近平が沖縄諸島、とくにその本島を占領しようなどと考えるはずはない、と思ったりした。しかしながら、いまや沖縄をめぐる政治、さらには地政学的な力関係は大きく変わろうとしている。

第一にアメリカ政府は世界戦略に飽き飽きしてしまい、沖縄の基地を維持することを放棄しようとしている。オバマ政権のもと、アメリカは、沖縄に展開していたアメリカ海兵隊遠征部隊の二個師団を沖縄から引き揚げ、中国とは関わりのないオーストラリアに移動させてしまった。このときのオバマ大統領の発表は、きわめて曖昧で、政治的な意味も不明だった。

「新しいアジア戦略を展開するために、アメリカ海兵隊を中国本土により近い地域に移動させることにした」

オバマ大統領はこう述べたが、現実にはアメリカ海兵隊遠征部隊の一個師団はオーストラリアのダーウィンへ移動し、さらに一個師団はグアム島の新しくつくられた海兵隊基地に移ることになった。しかもグアム島に移るべき海兵師団は、そのほとんどがすでにアフガニスタンの戦争に参加しており、もともと沖縄にもアジアにも不在だった。

こうしてアメリカのアジアにおける最大の軍事拠点・沖縄は、アメリカ地上部隊が不在になってしまい、沖縄だけでなく日本全体の安全にとって由々しい事態になってしまった。

アメリカが明らかに西太平洋から戦闘部隊を引き揚げたという状況のもとで、中国は沖縄の軍事占領を企《たくら》み、軍事力の強化を図っている。

「日高義樹のワシントン・レポート」を制作していた頃、アメリカの沖縄における軍事状況を実地に見るために、私はワシントンからアメリカ海兵隊の特別機に乗り、クルーラック海兵隊司令官とともに現地視察に出かけたことがあった。

このとき私が見たのは、アジアにおけるアメリカの軍事力が完全に空洞化してしまっていることだった。沖縄にいるアメリカ軍はハワイのヒッカムを拠点とするアメリカ空軍第十八航空団と海兵隊の普天間基地にいる第三十六航空団だけであった。

海兵隊の戦闘部隊がいなくなると同時に、そのアメリカ海兵隊を移送する第七艦隊輸送部隊の第二戦略支援軍がすべて、沖縄をあとにして日本本土に戻ってしまった。

私が訪問したとき、アメリカ海兵隊をアジアのあらゆる地点に移送するための基地として知られていた「ホワイトビーチ」と呼ばれるアメリカ艦隊輸送部隊の司令部と付属艦艇は、影も形もなかった。まさにアメリカの戦闘部隊が沖縄から消えてしまったというのが実感だった。そうした状況のなかで、強い領土拡大の野心を持つ習近平が動き始めたのは当然である。

もともとアメリカが沖縄から海兵隊の戦闘部隊を移すことになった最大の理由は、冷戦が終わって、アメリカが常時世界駐留の軍事体制をやめ、緊急出撃体制をとり始めたからである。

これはアメリカ軍の有事駐留体制のもと、事態が緊迫したときだけアメリカ軍を現地に送り込むという戦略である。冷戦以降にアメリカがとるようになったまったく新しい戦略であり、アメリカが軍事的に第二次大戦以前に戻ってしまったことを示した。

しかもアメリカは、戦闘部隊を沖縄だけでなくアジア各地から引き揚げてしまい、非常事態の際のみ駐留する体制をとるようになった。海兵隊など戦闘要員を引き揚げる一方で、基地体制をそのまま維持し続けることになったのである。これはまさに、国際社会における領土拡大の野心家たちを招き入れる危険な状況である。

海兵隊がすべて沖縄をあとにしてしまったから、沖縄とその周辺は、マッチ一本で燃え上がる危険な火薬庫のような状態になってしまっている。そのマッチ一本というのが、習近平による尖閣列島占領である。

尖閣列島に軍事基地を不正に建設したのちに習近平は、当然ながら、その延長線上で沖縄の占領を目指してくる。アメリカ軍が放棄した軍事基地を抵抗なく手中に収めようとしている。

沖縄のアメリカ軍基地を何度か取材して分かったのは、沖縄本島がまさにアメリカの軍事基地のネットワークそのものになっていることだった。沖縄本島の北端にあるジャングル戦の戦闘訓練センターは、その隣にある久米島を含めて広大な地域を占めている。この一帯は、アメリカ軍からの要請もあり、まったくと言っていいほど一般の開発が行われていない。

ここには、あらゆる軍事訓練を自由に行える環境が残されている。アメリカ海兵隊だけでなく陸軍もまたこの久米島に、ジャングルでの戦闘に備えた大規模な訓練場をつくり、ありとあらゆるジャングル戦を想定して訓練を行ってきている。

　この久米島を北端として沖縄本島は、アメリカ軍の基地によって埋め尽くされている。アメリカ海兵隊の新兵の訓練センターであるキャンプ・ハンセンもここにある。アメリカの映画でよく見られるような基礎訓練を行うため、海兵隊員を目指すアメリカの若者たちが送り込まれていた。

　沖縄本島の中央部にはいくつかの地上部隊の基地や通信センターがあり、アメリカ空軍の巨大な嘉手納基地がある。この嘉手納基地はヒッカムにあるアメリカ太平洋空軍の直轄の指揮命令系統下にあり、およそ合わせて五〇〇機の第一線戦闘機F-15が中国大陸を睨んで整備されていた。

　習近平が沖縄を占領することは、日本の本土を奪い取ることであるが、それは同時にアジア極東におけるアメリカ軍のもっとも強力な基地をほとんど労することなく手に入れることを意味している。

　沖縄本島を習近平が不法に手に入れることは、日本の主権に対する侵害というだけでなく、アジア極東における軍事的なバランスを一変させる。中国による沖縄占領は、アメリ力をはじめ資本主義諸国に対して、重大な軍事的損害を与えることになる。

沖縄基地の現状から見て、習近平がどのような形で沖縄本島を不法占拠しようとしているのか次に詳しく述べてみたいと思う。

第五部　沖縄の基地と装備は中国に横取りされる

沖縄のアメリカ軍基地は空き家同然になっていると述べたが、中国による沖縄の武力占領は、アメリカ軍の基地や装備、弾薬などがすべて中国軍の手に落ちることを意味している。

そうした異常な事態はいかにして起きるのか。あらゆる軍事専門家が予測しているところでは、アメリカ軍がいなくなってしまっている、いわば軍事的に空き家状態になっている沖縄を占領するためには、少なくとも数個師団以上の地上戦闘部隊が必要になる。

地上部隊数個師団、つまり六個師団として算定すると、戦闘員はほぼ一五万人、さらには援助のための各種部隊隊員など合わせて数万、つまり二〇万以上の大部隊が必要になる。こうした二〇万の大部隊を、習近平はいかにして沖縄に送り込もうとしているのか。

いまアメリカをはじめ世界の専門家が想定している事態は、次のようなものである。

中国はまず、クルーズなどで使われる超大型の客船数隻を利用し、観光客の形で沖縄の那覇港に合わせて一〇万近い地上部隊を送り込む。超大型クルーズ客船は通常、ファーストクラスの客を含め一万内外の乗客を乗せることができるが、詰め込めば二万人近く押し込むことができる。

中国は世界中から超大型のクルーズ客船を駆り集め、観光客を装った二万人近く、六隻で一〇万を超える大量の人員を那覇港に送り込む。那覇港に到着した乗客は下船と同時に軍服に着替え、隠し持った拳銃や小銃などで武装し、那覇港に山積みになっているアメリカ軍補給基地を襲ってすべてを奪い取ってしまう。

アメリカ軍の那覇補給センターは広大な地域を保有している。大きなクルーズ船が数隻、停泊するのは苦もないことである。目の前にはあらゆる場所にアメリカ軍の補給物資、戦略兵器、車両、戦車、大砲などが並べられている。

私もこの那覇港を取材したことがあるが、その兵器類、備品の圧倒的な数には驚かされたものであった。アメリカ海兵隊の主力部隊がすべて沖縄から出て行ってしまったあと、大量の補給物質は使われることなく、すべてが軍の埠頭《ふとう》に保管されている。「ハンヴィー」と呼ばれるアメリカ軍の最新の軍用乗用車、さらには戦車スカイラークなどといった新鋭の戦闘車両も十分に手入れされ、埠頭からいつでも運び出されるようになっている。大量の一三五ミリ砲、一二〇ミリ砲などもすぐ使えるような状態で保管されている。

私が訪れたときには、ロケット砲や対空ミサイル、イージスミサイルも梱包《こんぽう》されたまま、見渡す限り並べられていた。弾薬類は離れた場所に安全措置をとったうえで保管されている。

アメリカ軍当局によると、一〇万を超える地上部隊が一年以上は戦闘を続けられる量のミサイルや弾薬が那覇軍港の埠頭に置き並べられている。石油をはじめ、軍事行動に必要なあらゆる物資が有り余るほど積み上げられている。実戦部隊がいなくなったあとは、有事駐留を見越してさらに、数えきれないほどの軍需品が保管されている。クルーズ船から降り、軍服に着替え、兵器を手にした中国兵はそのままアメリカ軍の車両、タンク、大砲、ロケットなどを奪い、自分たちの物として使う体制を整える。

中国はもともと独自の兵器体系を持っていたが、ロシアとの協定によって新しい兵器や弾薬を装備するようになり、NATOとほぼ同じ規格と性能を学習して、アメリカ軍の兵器をそのまま使えるようになっている。

こうして沖縄占領の第一線部隊の主力となる、民間人のふりをして侵入した中国兵は、アメリカ軍の最新鋭の兵器を手にし、瞬く間に中国軍による軍事態勢を沖縄全土に確立してしまう。

この国際法に違反する軍事行動に先駆けて、まず第一陣として沖縄に飛び込んでくるのは、尖閣列島を基地とする中国軍の降下特殊部隊である。

この特殊部隊は、名護市中央にあるアメリカ軍の実戦部隊第四海兵連隊、装甲大隊司令部キャンプ・シュワブにまず降下してくるものと思われる。名護市内の小高い丘につくられたキャンプ・シュワブは、沖縄におけるアメリカ軍の総司令部であり、海兵隊だけでなく陸軍、海軍、空軍などすべてのアメリカ軍の頭脳が集まっていた。

私がキャンプ・シュワブを取材したときには、アメリカ軍部隊が沖縄からいなくなったあとで空き家も同然、空虚になった司令部のなかに、日本人の警備員とわずかばかりの事務要員が働いているだけであった。しかしながらアメリカ軍らしく、基地内には最新鋭のハンヴィーや装甲車などが並べられ、いつでも実戦に使えるような準備態勢が整えられていた。

尖閣列島の基地を離陸した中国軍の落下傘特殊部隊は、大きな落下傘にぶら下がって、ふわりふわりとキャンプ・シュワブに降り立ち、あっという間にこの基地も占領してしまう。

キャンプ・コートニーにあるアメリカ海兵第一遠征師団の基地にも尖閣列島を飛び立った中国のヘリコプター部隊が到着して瞬く間に占領してしまう。沖縄本島の中心にあるトリイ通信センターも占領し、アメリカ軍の通信体制をすべて制圧してしまう。

通信センターは日常の業務を維持しており、最小限の通信機能が維持されているため、何人かの要員が残っているが、中国特殊部隊によって制圧される。その結果、沖縄だけでなく、沖縄周辺とアメリカ軍との通信体制がすべて中国側の手に落ちる。

中国の攻撃部隊はアメリカ軍の通信網を押さえるという荒業が示すように、アメリカ軍の軍事基地体系をそのまま無理やりに奪い取る。短時間に沖縄における軍事機能を中国のものにするためである。

特殊部隊のほかに実戦の中心になるのは、中国が最近開発し就役させた「タイプ071」と呼ばれる新鋭の強襲上陸用舟艇である。すでに中国はこういった最新鋭の上陸用舟艇を一〇隻以上も保有しているが、この舟艇に乗った中国軍の主力部隊が、嘉手納や普天間など沖縄における軍事的な重要拠点、航空基地に対する作戦を展開する。

中国の上陸用舟艇０７１型は排水量二万五〇〇〇トン、全長二一〇メートルあまり、幅ほぼ八メートルで、アメリカ最新鋭のＬＰＤ‐17型サン・アントニオとほぼ似た性能を有している。

中国の０７１型は写真で見ただけであるが、性能、形ともよく似ているというアメリカのＬＰＤ‐17型サン・アントニオと同じだとすれば、完全装備の戦闘部隊八〇〇人、一個大隊を運ぶことができるうえ、最新鋭のヘリコプター二機を飛行甲板に搭載し、さらに内部に二機仕舞い込むことが可能である。

この０７１型がサン・アントニオと同型とすれば、それぞれ四隻のエアクッション型のＬキャックを搭載しており、行動半径はほぼ一万六〇〇〇キロ、スピードは一八ノットで、多数の機関砲を装備している。

この最新鋭の上陸用舟艇によって運ばれる中国軍の特殊攻撃部隊数個大隊は、普天間や嘉手納などをはじめ、空き家になった沖縄のアメリカ軍空軍基地に対して奇襲攻撃を仕掛けることになっている。

嘉手納や普天間は空軍部隊とはいえ戦闘基地であり、地上部隊も配備されているはずであるが、実際に私が訪問してみた限りでは、沖縄のなかにあるという安全感から警備は少数の憲兵隊や警備員によって行われている状態だった。

嘉手納や普天間も、中国軍の特殊部隊の攻撃を受ければ、展開しているF−15をはじめとする新鋭戦闘機や重要な通信施設が無傷のまま中国軍の手に落ちてしまうことになる。中国軍の沖縄に対する攻撃は、いま述べたような外観的な予測だけでも、著しい損害をアメリカ軍に与えることになる。逆に中国側からすると、アメリカ軍の最新兵器を奪うだけでなく、通信体制やレーダー施設などあらゆる先端技術を無傷のまま奪い取ることになる。アメリカと同盟国の日本は、世界の軍事史上まれに見る不名誉な損害を受けてしまうことになる。

第二章
中国の台湾占領は失敗する

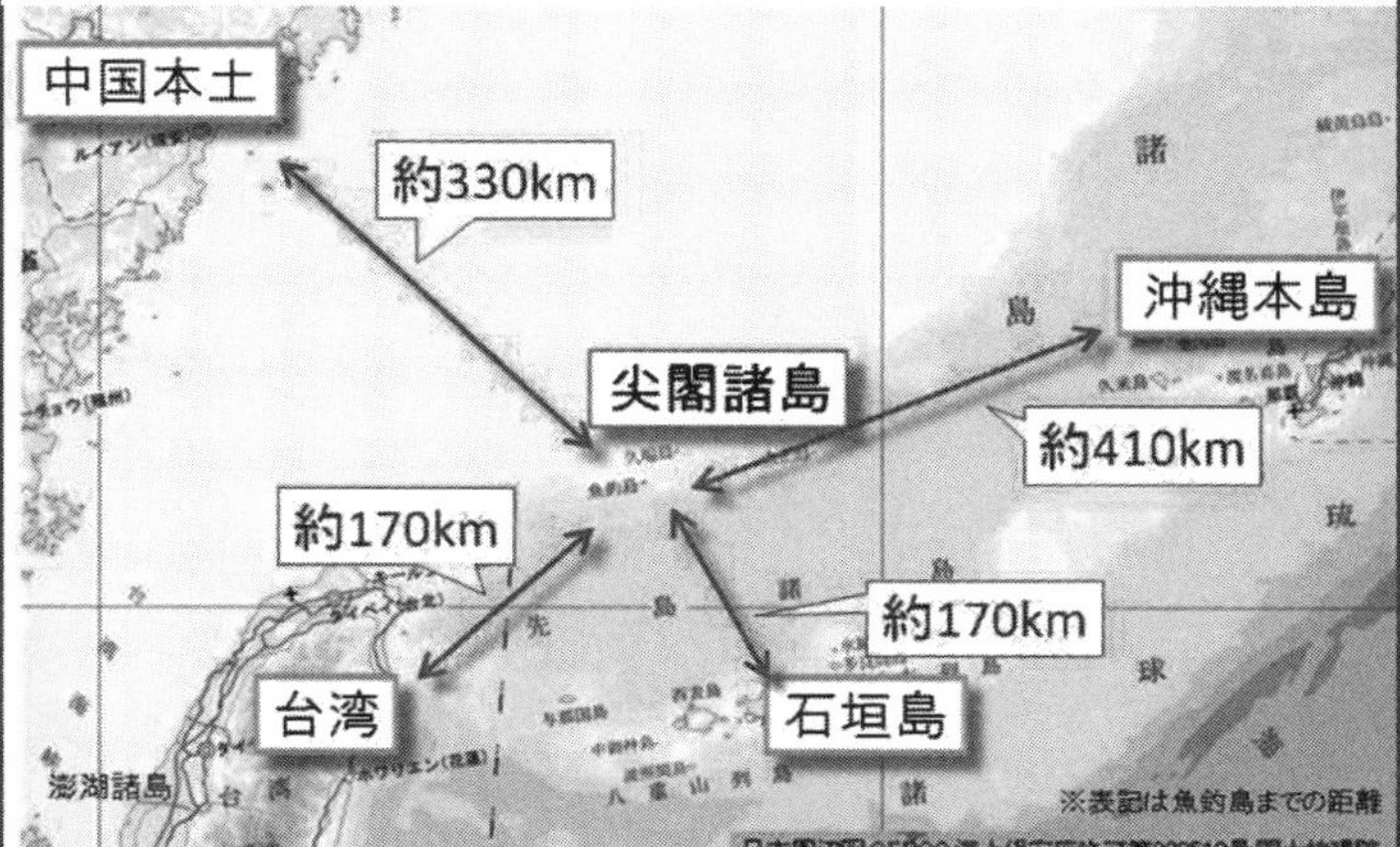

尖閣諸島の地図◆外務省　尖閣諸島に関する資料『尖閣諸島について』より

第一部　中国はトマホークミサイル攻撃で敗退する

二〇二一年初め、台湾政府はアメリカ政府に対してトマホークミサイルを購入したいと要請した。要請にあたっては台湾政府の軍首脳が直接ペンタゴンを訪問し、バイデン政権の新しいペンタゴン首脳と話し合いを行った。

その後、外部に漏れてきている情報によると、ジョー・バイデン政権は台湾政府の要請を受け入れ、これまでいっさい外国政府には売り渡さなかったトマホークミサイルを数十発、台湾に売却する決定を行った。

トマホークは主として地上施設攻撃用の亜音速、射程二五〇〇キロのミサイルで、弾頭には一〇〇〇ポンド、およそ四五〇キロの高性能爆弾を搭載しているが、核弾頭を搭載することもできる。レーダー基地を攻撃する特殊なガイダンスシステムを搭載し、きわめて能率良く、的確に標的を攻撃できる優れた能力を有している。

台湾政府は中国からの侵略に備えるため、これまでにもアメリカ政府に対して、このトマホークミサイルの提供を求めていたが、ペンタゴンは台湾からトマホークミサイルの機密が北京に漏れることを恐れて売り渡しを拒否してきた。

しかしながら中国が、台湾を攻撃する体制を急速に強化し、脅しをかけている情勢を見てペンタゴンは、これまでの政策を大きく変え、台湾にトマホークミサイルを売り渡すことを了承したのである。アメリカ国防総省の兵器担当幹部は私にこう言っている。

「トマホークミサイルを台湾に引き渡せば、台湾の中国本土に対する攻撃能力は大きく高まる。今度この兵器を台湾側に引き渡すことになったのは、中国を危険な敵とみなすことになったからだ」

トマホークミサイルは地上基地から発射できるだけでなく、海上艦艇からも簡単に攻撃できる能力を有している。超低空を飛び、的確に敵を攻撃するトマホークミサイルを台湾が手にすることになれば、中国の沿岸だけでなく、内陸につくられたミサイル基地やレーダー基地を攻撃し大きな損害を与えることができる。ハドソン研究所のミサイル専門家はこう言っている。

「トマホークミサイルは台湾が保有している中長距離ミサイルと比べてはるかに性能が良く、しかも強固な攻撃破壊能力を持っている。したがって中国側の地下深くつくられたミサイル基地を破壊することができる。それだけでなくトマホークミサイルは、レーダー基地を直接攻撃する能力に優れている。中国大陸のレーダー基地は簡単にトマホークによって破壊されてしまう」

あらゆる軍事専門家が一致して指摘しているのは、台湾側がトマホークミサイルを実戦配備し、中国に対する攻撃に使用することになると、中国側は攻撃用のミサイル基地だけではなく、防御用のレーダーサイトや施設を広範囲にわたって破壊されてしまうことになる。

これまでアメリカをはじめ世界各国の軍事専門家は、中国が台湾を取り囲む形で強力な攻撃体制をすでにつくりあげており、いったん戦争が始まれば、台湾の基地は徹底的に破壊されると警告してきた。

そうした中国に対抗して台湾側も中国の軍事拠点を攻撃する各種のミサイルを開発し、強力な抑止体制をつくりあげている。そうした独自の攻撃能力に加えて、台湾がトマホークミサイルを実戦装備すれば、台湾の中国に対する攻撃能力は飛躍的に高まることになる。

トマホークの１０９Ｄクラスは海上艦艇や潜水艦から、敵の海上艦艇を攻撃する優れた能力を持っている。アメリカ政府は地上基地を攻撃するトマホーク１０９Ｃクラスとともにに、海上艦艇を攻撃する１０９Ｂクラスのトマホークを多数、台湾側に売り渡すことにしている。その結果、中国側は著しい軍事的危機に陥ることになる。

アメリカのクルージングミサイル１０９Ｂトマホークを装備した台湾の艦艇や潜水艦が台湾海峡周辺だけでなく、台湾を離れた海域で中国に対する戦闘行動を展開することになれば、中国側の海軍艦艇や貨物船、石油タンカーにとって大きな脅威となる。

台湾がトマホークミサイルによって戦力を強化すれば、戦争になった場合、台湾海峡をめぐる戦闘はこれまで考えられていた以上に長引くことになる。台湾と中国のあいだで激しい戦闘が長期間続くことになる。

台湾海峡を中心に海上の戦闘が長引けば、当然のことながら中国経済はきわめて大きな打撃を被《こうむ》ることになる。中国の経済活動にとって計り知れない重荷になってしまう。この問題について専門家の多くは次のように述べている。

「習近平はいったい何のために台湾を攻撃しようとしているのか。台湾を短期間のうちに占領することができれば確かに、中国の威信を高めるだけでなく、経済的にも大きな効果を手にすることができるだろう。だが台湾が新しい兵器を獲得した場合、戦争が長引くことは避けられない。このことを習近平はどう考えているのか」

習近平はこの問題についてまったく答えていない。それどころか台湾海峡で戦闘になれば、簡単に勝てると決めつけている。こうした習近平の楽観的で一方的な思い込みは、台湾海峡をめぐる台湾と中国の軍事能力の実情を正しく理解していないからだ。こうした習近平の思い込みは、中国だけでなくアメリカをはじめ世界中の軍事専門家の誤解から生じている。

中国だけでなくアメリカをはじめ世界の軍事専門家の多くは、中国が急速に進めている海軍力の強化に目をくらまされ、その戦力を過大に評価している。ところが、あらゆる面から考えて実際には、台湾と中国の軍事能力は同等になっているのである。そうした実情に加えて、台湾がアメリカからクルージングミサイルを取得することになれば、中国にとって事態は不利な方向に一変してしまう。

中国は東シナ海や南シナ海の一部に至る沿海地域に合わせて一〇以上の大規模な経済拠点をつくり、世界的に貿易活動を展開している。しかしながら台湾がトマホークミサイルを取得して軍事力を強化すれば、台湾海峡をめぐる軍事情勢は一挙に緊張し、中国沿岸地域の経済活動は危機にさらされる。

台湾と中国が台湾海峡で戦闘状態に入れば、中国は沿岸地域から貨物船を送り出すことも、あるいは中東を含め世界各国から石油タンカーを受け入れることも難しくなってくる。当然の結果、経済活動が破綻してしまう。中国だけでなく、日本、韓国をはじめ周辺の国々、さらに東シナ海、南シナ海から離れた国々の対中国貿易にも大きく影響してくる。中国と台湾の戦いが長引けば、台湾海峡を中心に船舶の行き来が困難になり、世界の経済活動全体が大きく低下してしまう。

中国が対外貿易に経済活動のすべてを頼っていることは、世界的な常識である。中国政府は、沿岸地域からだけでなく、中央アジアなどをはじめ陸路を経由してヨーロッパに中国製品を送り込もうと努力してきた。「一帯一路」と習近平が呼んでいる新しいシルクロードの開発も、その一環である。ところがアメリカやそれぞれ地元の国々の反対に遭《あ》い、この計画はうまく進んでいない。

陸路を経由しての貿易の見込みが立たなくなっているうえに、台湾海峡をめぐる戦いで、中国沿岸各地からの海上貿易が挫折してしまうことになれば、中国は重大な経済危機に襲われる。

台湾を占領しようと戦いを仕掛けたりすれば、中国という国の命運を左右するような事態になることを、習近平は正しく理解していない。しかもアメリカが習近平の不正な軍事行動を阻止するために、台湾にトマホークミサイルのような新鋭兵器を多数提供することなど予想もしないできた。

あとの章で詳しく述べるが、中国の不法な行動に対して、ヨーロッパ諸国をはじめ世界中の国が立ち上がっている。そうした世界の動きに引っ張られるような形でアメリカは、最新兵器を台湾に提供して中国との戦いを推し進めるつもりである。

アメリカは、トマホークミサイルに次いで、さらにヘルファイヤーミサイルなども提供しようとしている。西太平洋全域において、世界各国の海軍の軍事行動が活発になっていることはすでに述べたが、台湾海峡で戦いが始まれば、周辺地域の軍事情勢が一挙に悪化し、あらゆる船舶の航行が停止させられてしまう状況が懸念されている。

台湾を無理やり併合するために戦争を始めたりすれば、貿易によって経済を成り立たせている中国の経済は壊滅し、国家的な危機に陥ることになる。習近平は「台湾は中国のもの。したがって併合する」と簡単に言っているが、そのために台湾を攻撃したりすれば、その跳《は》ね返りとして、中国経済が破滅する危険については考えが至らないようである。

第二部　三峡ダム大洪水が台湾の抑止力になる

中国が台湾に侵略を開始しようとした場合、台湾は長距離ミサイルによって中国本土の三峡ダムを攻撃する。この巨大なダムが決壊し、全体が五七〇キロにおよぶ広大な貯水湖の水が一挙に流れ出せば、中国の心臓部である湖北省や安徽《あんき》省、江西省から湖南省全域が大規模な洪水に襲われる。

三峡ダムの堤防の高さは百数十メートル、貯水量は二二〇億立方メートルにも達し、ダムの規模としてはエジプトのアスワンダムをはるかに超えるものと言われている。台湾がこの三峡ダムを破壊する能力を持っていることが、中国からの攻撃に対する計り知れない強力な抑止力になっている。

この三峡ダムに対する攻撃の可能性については、私もこれまで多くのところで言及しているが、台湾はこのほど長距離ミサイルの発射実験に成功し、この抑止力を行使する能力をはっきりと持つことになった。

二〇二〇年暮れ、台湾は射程一万二〇〇〇キロと言われる長距離ミサイルＹＵＮＦＥＮＧの発射実験に成功した。詳しい内容はいっさい明らかにされていないが、台湾の新高山の山中につくられた秘密基地から発射されたＹＵＮＦＥＮＧは太平洋上の標的に命中し、実験は完全に成功したと言われている。この長距離ミサイルは直ちに量産体制に入り、アメリカ政府筋の情報によるとすでに一〇〇基以上が実戦配備可能な状況になっている。

射程が一万二〇〇〇キロといえば事実上、大陸間弾道ミサイルＩＣＢＭである。現在、世界でこのクラスのＩＣＢＭを数多く保有しているのはアメリカとロシアで、ほぼ二〇〇〇発ずつ実戦体制においていると言われている。中国は、核弾頭付きのこのクラスのミサイルをほぼ三〇〇発保有していると言われている。

この一万二〇〇〇キロの長距離ミサイルの実戦配備によって台湾は、完全に中国に対する報復力、すなわち抑止力を所有することになる。ハドソン研究所のミサイル専門家は、次のように指摘している。

「ＹＵＮＦＥＮＧクラスが実戦配備されたことは、台湾が中国の主要な戦略目標を自由に攻撃する能力を持ったことを意味している。このクラスのミサイルは台湾のどこから発射されても、北京、重慶、武漢など政治経済の重要拠点、さらに上海、寧波《ねいは》、深圳《しんせん》、香港といった沿岸の重要な経済拠点を一挙に攻撃することができる。中国の三峡ダムを破壊する能力も確実に持つことになる」

台湾はＩＣＭＢを実戦配備することで、いまや中国と対等のミサイル能力を持つに至った。核兵器開発についてはすべての情報が秘密にされているが、台湾政府がその気になりさえすれば、イスラエル並みの核弾頭を持つことは難しくないと言われている。アメリカＣＩＡの関係者は次のように述べている。

「中国の核兵器製造についての情報やデータが台湾に盗まれていることは公然の事実だ。中国が台湾に核攻撃の意図を明確にしてくれれば、台湾は直ちに核兵器を製造し、実戦配備するだろう」

台湾はＩＣＢＭのほか、射程六〇〇キロ程度の中距離ミサイル、さらには射程三〇〇キロ前後の航空機から発射するミサイルの実戦配備を終わっている。空中発射型のミサイルは、台湾が新しくアメリカから買い入れたＦ-16Ｆに搭載することができる。中国の主要な軍事拠点は、台湾の空中発射型のミサイルによる攻撃の危険にも晒されている。

台湾は小型艦艇から発射できる射程一二〇〜一三〇キロの艦対艦ミサイルの実戦配備に成功しており、台湾海峡における戦闘に使う体制を整えている。アメリカ政府が得ている情報によると、台湾はこういった艦対艦クルージングミサイルの開発に力を入れており、すでに合わせて数百発のミサイルを製造し、実戦態勢においている。

台湾海峡は幅三〇〇キロ、東西に六〇〇キロの海域で、台湾と中国が戦争を始めれば主戦場、主たる戦いの場所になる。この地域の戦闘に、これまで述べた航空機や艦艇に搭載した射程百数十キロのミサイルが使われるようなことになれば、中国が貿易上受ける損害は計り知れない。

ミサイルの実戦配備の実情から見る限り、台湾の軍事力は日本や韓国、北朝鮮をはるかに凌駕し、中国と対等の能力を持つに至っている。台湾の軍事力についてはこのあと潜水艦や新鋭のF−16F戦闘爆撃機の実戦配備について説明するが、ミサイル戦力についてだけ見ても、台湾の軍事力はいまや世界一流と言える。

我が国では中国から攻撃を受けた場合、台湾は軍事的に壊滅してしまうという懸念が強い。しかし台湾は実際にＩＣＢＭを持ち、中距離の空中発射型ミサイルを持っている。このほか短距離ではあるが、海上艦艇に搭載して使うミサイルの開発も終わっている。その総数については発表されていないが、ＩＣＢＭ、中距離ミサイル、短距離のクルージングミサイルを合計すれば、三〇〇基をはるかに超えているとアメリカの情報関係者は推定している。

台湾がミサイル国家の地位を確立した結果、中国は軍事的に優位な立場を失ってしまった。そのうえ台湾は、これまで述べたように北京や上海といった重要拠点だけでなく、三峡ダムも確実に破壊する能力を持った。こういった状況は、明らかに中国を軍事的に弱い立場に置くことになっている。中国は、簡単には台湾を軍事侵略できない。

今後、中国と台湾の軍事力について基本的な問題として考えるべきは、両国が同じ程度のミサイル能力を持ったことである。状況次第によっては、台湾が中国と並んで核戦力を持つ可能性もある。ともあれ、アジアの軍事情勢を全体的に見る場合、アジアのちっぽけな国とされている台湾が中国と同じレベルのミサイル戦力を持ったことを念頭に置かなければならない。

これまで一般的な常識としては、中国が軍事行動を起こした場合には、広大な国土を利用し、いわゆる優れた被害吸収能力のもと、台湾を一方的に叩くとされてきた。しかしながら、台湾のミサイル戦力は中国を追って充実し、ついに同等になった。

中国と台湾は同じレベルの戦力を持つようになった。この軍事的なバランスの変化は、中国がこれまで持っていた戦略上の有利な立場を喪失することを意味している。中国は基本的に軍事力で台湾を圧倒し、無理な要求を押し通すことができる、とこれまでは考えられてきた。だが強力なミサイル軍をつくりあげたことにより、台湾の立場は大きく強化された。

中国は中国本土各地につくった地下の基地に空軍部隊やミサイル部隊を隠しておき、対立する国々を軍事的に威圧するという戦略を基本にしてきた。日本はまさにその典型で、中国の核兵器による脅威の前に慄《おのの》いてきた。

しかしながら、いまや台湾はそういった中国の軍事力を恐れる必要はなくなっている。今後、台湾がさらにミサイルの数を増やせば、中国は中国本土に展開しているミサイル基地や空軍基地を簡単に攻撃、破壊されることになる。

こういった台湾の立場の変化は、アジア全域における軍事バランスの再編成につながってくる。台湾の戦略的な立場の変化は、アメリカのアジア全体における戦略を今後変えてくることになる。

冷戦の終わりから三十年余、アメリカは世界の安全保障の責任をとるという姿勢を急速に変えつつある。そうしたなかでアジアでは、ミサイルと核を装備する中国との協力関係に重点を置いてきた。このことはオバマ元大統領が唱えた米中同盟がよく示している。

しかしながら台湾がミサイル体制を確立し、状況次第では核開発を行う姿勢をとり始めたことによってアメリカは、これまでの中国重視の政策を変えざるをえなくなってくるはずである。

台湾が軍事的な新しい立場、アメリカに対して一定の距離を置く独立した軍事体制をとるために開発しているのは、ミサイルだけではない。台湾は中国が台湾海峡を越えて台湾に地上部隊を送り込み、物理的に台湾を占領する場合には、断固戦う姿勢を明確にしつつある。

台湾は、ドイツから購入した潜水艦とアメリカから新しく購入したF－16F戦闘爆撃機による防衛体制をすでに整えている。台湾の独自の力による防衛戦略というのは、今後アジアにおける軍事バランスを大きく変えることになる。

中国が南シナ海から西太平洋にかけて侵略的な体制を強めているなか、多くのアジアの国々はその安全を保つために中国寄りの立場をとらざるをえなくなってきている。そうした動きは、米中同盟などという不合理な体制を推し進めたオバマ大統領や同盟体制に夾雑《きょうざつ》音を投げかけたトランプ大統領の姿勢にも関わってくるが、いずれにせよ台湾が独自の力による対中国戦略を強化することは、アジアに新たな戦略バランスが生まれることを意味する。

第三部　中国上陸艦隊は台湾海峡の藻屑となる

ここまで台湾海峡をめぐる台湾と中国の対立について述べてきたが、情報の多い私の読者の皆様からすれば、とりたてて新しいことではない。第二次大戦が終わって以来の歴史のなかで、新しい冷戦構造のもと、台湾海峡をめぐる台湾と中国の争い、戦いは幾度もくり返されてきた。

この争いはそもそも、中国の内戦に敗れた蒋介石が台湾に逃げ込み、独立した政府を立ち上げたことがその出発点と言える。

一九四九年十月一日、中華人民共和国を成立させるとともに初代主席となった毛沢東は、台湾が統治する台湾海峡の金門島に上陸作戦を行おうとして失敗した。中国共産党解放軍は一九五四年九月にも、金門島に砲撃を加え上陸作戦を行おうとしたが、再び失敗した。さらに五八年八月にも金門島と馬祖《ばそ》島に激しい砲撃を行ったが、この二つを拠点に台湾に攻め込むことはできなかった。

この戦いは「金門馬祖の戦い」と呼ばれているが、台湾の統治下にあるこの二つの島は中国大陸からたった二・一キロしか離れていない。中国共産党解放軍はそれこそ目の前にある二つの島に大砲の弾を打ち込んだだけで、占拠することはできなかった。

それから七〇年、中国共産党は再び台湾を脅しにかかっている。習近平は「台湾は中国のもの」と主張して侵略を目論んでいるが、そうした中国共産党の動きは、きわめて漫画チックというほかない。

何とかして台湾を取ろうとする中国共産党と台湾の戦いを見ていると、私はアメリカのアニメ『トムとジェリー』を思い出す。大きくて意地の悪い猫トムと、賢くて敏捷なねずみジェリーが主人公の動画である。一九四〇年代からつくられているこのアニメは今でも人気があり、ケーブルテレビでくり返し放送されている。

台湾海峡を押し渡ろうとして何度も失敗する中国は、どうしてもジェリーを捕まえることができない、図体だけが大きくて少し間が抜けた猫のトムそのものである。

トムは様々な手段を講じて何とかジェリーに勝とうとするが、どうしても勝てない。トムの中国共産党は経済を拡大し軍事力を強化して、小さなジェリーの台湾を打ち負かそうとしているが、それより先に賢いジェリーは、トムに対抗できるミサイル体制をつくってしまった。

中国海軍は強力な輸送艦隊を形成して、台湾海峡を押し渡ろうとしているが、結局、その作戦も失敗する。台湾がジョージ・ブッシュ政権時代から、アメリカの不要になった新鋭ディーゼル潜水艦の払い下げを受け、台湾の周辺にまるでハリネズミのような防衛体制をつくってしまったからである。

台湾がアメリカから取得したディーゼル潜水艦は、その性能や戦闘能力から見て中国の海軍力をはるかに上回っている。アメリカは潜水艦を全て原子力潜水艦に換え、不要になったディーゼル潜水艦を同盟国の台湾に売り渡したのである。

『トムとジェリー』のアニメでも、ジェリーは様々な物を利用してトムを転倒させたり、壁に衝突させたりするが、間抜け猫トムの中国は、賢いジェリーの台湾が手に入れた新しい兵器によって打ちのめされようとしている。

台湾は潜水艦だけでなく、新しい戦闘爆撃機F－16Fも取得している。この戦闘爆撃機は、最新鋭の対海上艦艇攻撃用ミサイルを搭載し、中国海軍の輸送艦隊や海上艦艇を徹底的に打ちのめす能力を持っている。

中国軍がトムと同様、図体が大きいのは確かである。知恵を持たないトムの中国は、アメリカが開発した技術を盗んだり買ったりして取り込み、アメリカ型の戦略によって、これまで失敗した台湾海峡を越えての一大作戦を成功させようと考えている。

中国海軍はすでに述べたように新鋭の艦艇を揃え、上陸用艦隊の実戦配備と拡大に全力を挙げてきた。中国側は秘密にしているが、アメリカ側の情報によると中国は台湾の真向かいの大陸沿岸に、幾つかの大きな海軍基地を建設し終わっている。

中国軍はそうした海軍基地に、敵前上陸を行う強襲上陸用空母数隻を中心に多くの上陸用船団を配備している。なかには、これまでアメリカしか持っていなかった上陸用艦艇を搭載する超大型の上陸用空母、強襲上陸用舟艇を援助するための上陸用空母、上陸する兵隊を運ぶための空気クッションを利用した高速上陸用舟艇などもある。

沿岸基地にはそうした艦艇を補修する巨大なドライドックもつくられているといわれるが、中国はこういった各種特殊船団から成る、技術的に見れば優れた一大上陸艦隊をつくりあげ、台湾海峡の向かい側に配備を終わっている。

中国は、アメリカの技術を完全に取り入れた上陸用艦隊は必ずや台湾海峡の横断に成功し、一〇万に近い上陸部隊を台湾に上陸させることができるはずだと考えている。だが、

そう考えている中国は、まさに間が抜けたトムである、

『トムとジェリー』のアニメでは、賢くて敏捷なジェリーはトムが通れない小さな割れ目を利用して背後から襲いかかり、常にトムの行動を失敗させている。同じようにジェリーの台湾は、最新鋭の潜水艦を配備し、新鋭の戦闘機F-16F、さらにはそのF-16Fが搭載している高性能の爆弾を使用してトムの攻撃を阻止する。

アメリカ海軍大学のウォーゲームによれば、中国の一大輸送艦隊が台湾海峡を押し渡ろうとすれば、小回りの利《き》く台湾側の防衛体制の罠にはまって、簡単に海の藻屑になってしまっている。

中国の失敗は、常にアメリカのやり方を真似ていることから生じてくる。中国はアメリカから盗んだ技術を基本にして戦略を組み立てているため、小さなネズミを捕らえるのに力任せにぶち当たろうとする。アメリカが第二次大戦中、日本やドイツに対して行ったように、ひたすら強力な戦力に頼ろうとしている。

中国はアメリカとの経済戦争を展開するにあたり、アメリカの技術を盗んだり、人民元安を利用したりして戦いを勝ち抜いてきた。つまり強力なビジネス戦略が効果を上げてきた。ところが戦争ということになると、そう簡単にはいかない。

中国はアメリカの戦略を取り入れ、アメリカの兵器体系を真似ることによって軍事的に優位な立場に立とうとしている。だが経済と戦争は大きく違っている。真似されたアメリカは、すぐさま戦略を変えて中国の裏をかく。相手は自分の真似をしているのだから、それを変えるのは難しいことではない。真似している中国の動きを先んじて読み取り、裏をかいて攻撃するのはきわめてたやすい。

アメリカが、真似する中国の裏をかいた例になると思うので、少し話が逸れるかもしれないがレーダーに映らないステルス戦闘機の戦いに触れてみたい。

いまから数年前、レーダーに映らないステルス性の戦闘機や爆撃機が一般化し始めた頃、中国もアメリカの技術を盗み、ステルス戦闘機を製造した。だがつくってはみたものの、実際の運用にあたってはアメリカ側に大きく水を開けられてしまった。

アメリカはステルス戦闘機の開発と並行して、レーダーに映らないため、互いを見ることのできない複数の戦闘機の指揮命令系統システムを開発した。F-22やF-35が実戦配備されたときには、新しい通信システム「マルティ・アクセス・ダイレクト・コミュニケーションMADC」によって、戦闘機のはるか後方にいる管制機エーワックスがステルス戦闘機二〇機あまりを同時に指揮命令する仕組みをつくりあげていた。

私は沖縄の嘉手納基地で、空中戦の訓練から戻ってきたF－22のパイロットにインタビューしたことがある。機体にローマ字でニンジャと書かれたF－22の前で、彼はこう言った。

「空中戦のシミュレーションでは、われわれ四機のF－22が連携して、敵の戦闘機五〇機を撃ち落とした」

中国側は技術を盗んでステルス戦闘機をつくることには成功したが、実際の戦いでどう使うかを考えだす能力もなく、あるいはそのための努力もしなかった。これと同じようなことが、中国の強大な上陸用舟艇軍団の実戦でも起きるだろう。

中国は強力な経済を背景に軍事力を拡大してきた。陸軍、海軍、空軍ともに、アメリカの技術を盗んだり買ったりして、アメリカと同等の兵器体系をつくろうと努力してきた。とくに海軍では空母を保有し、アメリカに対抗する機動艦隊をつくろうとした。

習近平はこのアメリカ型の機動艦隊を中国の強大な軍事力の象徴として世界に誇っている。そしてこの軍事力によってアメリカの同盟国である台湾を押しつぶそうとしているが、図体だけが大きい間が抜けたトムと同様、これまでの失敗をくり返すだけに終わる。現実問題として習近平の試みはすべて、中国を苦しい羽目に陥れるだけなのである。

第四部　習近平は中国内乱の歴史を理解していない

習近平が目論んでいる台湾という国に対する戦いは歴史の一コマであり、これまでのいきさつや見通しを簡単に述べることは難しい。だがはっきりしているのは、近代国家の設立に失敗した中国の内政に、イギリスをはじめヨーロッパ各国が介入し、その後、日本が進攻したことで収拾のつかない動乱が起きて内戦になったことである。

その大規模で複雑な内戦をとりあえずは片づけ、中華人民共和国という共産主義国家を毛沢東が成立させた。その後は中国大陸のほとんどすべてを毛沢東の中華人民共和国解放軍、共産党が占拠し、台湾という小さな島を国府軍の蔣介石が占拠した。

つまり簡単に言ってしまえば、長い現代の歴史のなかの一つの終止符として、国民党、国府軍は台湾という島に追いやられ、新しい政府をつくったのであった。この単純な事態を複雑にしたのが、第二次大戦が終わったあと世界を二つに分けた冷戦であり、朝鮮戦争であった。

こういった事情から歴史の本でも「朝鮮戦争がなければ台湾はどうなったか」といった類の馬鹿げた論議がまじめに行われているが、事実は「中国大陸を中国共産党が、そして台湾を国民政府が押さえて、国家として存続している」ということに過ぎない。

習近平が今頃になって「台湾は中国のものだ。したがって併合する」と言って侵略しようとしているのは、明らかに不法な行動である。これまでも私が述べてきたように、尖閣列島や沖縄を「中国のものだ」と勝手に主張して侵略しようとしているのと同じである。

習近平がこうした言動、行動を続けているのは、歴史の事実を正しく理解していないからである。国内における自らの政治的に不利な立場を回避し、ウイグル族抹殺という反人道主義行為に対する国際的な非難をかわすために、台湾を攻撃しようとしている。

しかも事態を複雑にしているのは、多くの専門家やマスコミ、各国政府が、中華人民共和国という巨大な国の影響を受け、習近平の不法で無法な行動をそのまま認めていることである。

国際社会というのは、混乱と対立、無法が原則である。完璧な正義のシステムは存在していない。国際社会においては、侵略を防ぐのは力であり、軍事力であり、外交なのである。つまり、国際的な力というのは、それぞれの当事者の有している能力によって維持されている。

この点について中国の独裁者・習近平は正しく理解していない。習近平は「台湾は中国共産党に敗北して中国から逃げ出した国民党によってつくられたものであり、したがって中国の一部である」と一方的に主張している。

台湾が中国の一部である、という主張については、きわめて多くの見方がある。この考え方を国際的に確立することになったヘンリー・キッシンジャー博士がインタビューのあいだに私にふと、こう漏らしたことがあった。

「中国本土の共産党政府からすると台湾は中国の一部ではあるが、逆に中国は台湾の一部である、と台湾政府の当事者は思っているようであった。しかも台湾側は中国との闘いは依然として続いていると考えていた。台湾側の勢力は当時、中国に反撃する能力を持っていると思っていた」

ヘンリー・キッシンジャー博士のこの時の言葉通りとすれば、「中国は台湾の一部」というのは、台湾の本土回復作戦が続いていることを意味していた。この問題を習近平は、正確には理解していない。

習近平が国際社会の指導者のなかでも教養がなく、本もあまり読まないことはよく知られている。

「習近平が学んだことといえば、毛沢東語録ぐらいだった」

アメリカの知り合いの専門家がこう言ったことがあるが、習近平が信じている世界が毛沢東語録の世界であるとすれば、歴史について正しい理解をしていないことは明らかである。

中国の内戦は単純に言ってしまえば、蔣介石の国府軍が毛沢東の共産軍に敗れて台湾という小さな島に追い込まれて終わった。つまり、結果論として見れば国府軍は戦いに敗れた。しかしながら、その戦いの分析を現在の中華人民共和国の独裁者である習近平が正しく行っているかどうかはまた別の問題になる。

中国の内戦についてここで詳しく述べる時間はないが、毛沢東をはじめとしてあらゆる関係者が同意していることがある。それは、中国共産党解放軍が組織と地下工作、そして政治力によって内戦を勝ち抜いたということである。一方、優れた装備と多額の資金をアメリカから与えられていた蔣介石が、なぜ簡単に解放軍に敗れたのか、はっきりとした分析は行われていない。

私も多くを知っているわけではないが、ハーバード大学やアメリカの研究所、そして台湾の国防大学の人々や李登輝総統などと話し合って得た結論が一つある。当時、中国内戦を決定的にした毛沢東の延安《えんあん》への引きこもり、いわゆる長征作戦の始まりが、そのまま蒋介石の敗北につながったことである。

このとき、延安に逃げ込んだ中国共産党と解放軍は、資金も軍事力も不足しており、食糧さえ十分でなかった。当時のアメリカ軍の首脳は、蒋介石に対し、アメリカから与えられた豊富な資金と軍事力を使って、延安に逃げ込んだ共産側勢力を長期にわたって包囲し、自滅させるよう助言した。しかし蒋介石はこの助言を受け入れず、圧倒的な軍事力を過信して毛沢東軍に戦いを挑み、敗れてしまった。

このとき毛沢東が頼ったのが、共産党の組織力と地下工作力であり、宣伝だった。そうしたなかでとくに効果を上げたのは、アグネス・スメドレーやエドガー・スノーなど、中国共産党びいきのジャーナリストたちがアメリカ国民に送り続けたレポートだった。スメドレーは、後にソビエトのコミンテルンの一員だったことが判明している。

スメドレーをはじめとするアメリカのリベラルのジャーナリストたちは、「アメリカ政府は蒋介石を使って中国をアメリカの植民地にしようとしている。アメリカという国を不幸にしようとしている」と宣伝し続けた。

この結果、アメリカの世論が反蔣介石になり、毛沢東や中国共産党びいきが増えるとともに、中国各地での共産党の組織力や政治力が大きく強化された。蔣介石は戦いに敗れ、台湾に逃げ込んでしまったのであった。

この表面的な事実だけを毛沢東の宣伝から頭脳に叩き込まれている習近平は、中華人民共和国と中国共産党、そして解放軍の能力と組織を過信している。中国の内戦の歴史だけを見れば、中国共産党と解放軍が勝利を収めたのは事実である。しかもその勝利にソビエトが介入することによって、冷戦という新しい時代が始まり、アメリカという強大な国を追い詰めることになった。

中国共産党や解放軍は、軍事的に強かったわけではない。軍事的に強かったのは蔣介石であったが、国内に張り巡らせた組織の力、そして政治力、アメリカのジャーナリストを利用した宣伝によって、毛沢東は内戦の勝利を得たのであった。その毛沢東が未完のまま残しているのが台湾問題である。

毛沢東の歴史と宣伝を鵜呑《うの》みにしている習近平からすれば、そうした毛沢東のやり残した仕事を中国共産党と解放軍の持てる力によって完成することは易しいはずである。

歴史的な事実をまったく理解していない習近平は、毛沢東の残像を背負って内戦の終結をもたらすことができると信じ、いまになって台湾攻撃という、無謀で不法な行動をとることにしたのである。

中国大陸から台湾という小さな島に追い込まれた人々、そして台湾の人々が中華人民共和国の中核になっている中国人、つまり漢人であるかどうかは重要ではない。台湾という小さな島の人々は一丸となって、必死の抵抗を試みている。

歴史は、無知な習近平の考えているのとはまったく反対の方向に動いているのである。しかも周辺の国々、日本やアメリカ、韓国やオーストラリアといった国々の人々は、中国の力が一方的に強大になることを望んではいない。この状況は、中国の戦略家・孫子が指摘している通りである。

孫子曰く。

「敵を死地に追い詰め全滅の危機に晒せば、思いもよらぬ反撃を食らうことになる」

歴史を知らず、戦略にも疎《うと》い習近平は、孫子が指摘している兵法を無視し、強力な力を持ちながら、逆に自ら危機的な状況に陥ろうとしている。

第五部　習近平の戦略なき空母構想は破綻する

習近平が台湾を制圧するためにつくりあげようとしている一大戦力、空母攻撃構想は、実際に活動を始める前から破綻する運命にある。歴史も戦略も知らない習近平がつくりあげた幻の軍事力に終わる。習近平が望むような効果を上げることは、もともと難しいのである。

二〇二一年春、中国海軍は新しい国産の空母『山東』を中心に東シナ海でアメリカ海軍の艦艇を横目に派手な軍事演習をくり返した。アメリカや日本のマスコミはその情景を、軍事大国になった中国が最新の強力な部隊を登場させたかのように伝えた。

しかしながら、私が会員になっているアナポリスのアメリカ海軍士官学校所属の研究所の研究者のあいだでは、費用対効果、機能、そして影響力から見て「空母の時代は終わりつつある」という声が強くなっている。研究所の専門家は次のように述べている。

「現在、中国がつくろうとしている七万トンクラスの空母一〇隻からなる一大空母機動艦隊はいったい何を狙っているのか、その真意が分かりにくい」

もっともアメリカ海軍の専門家たちは、空母機動艦隊の機能そのものが必要なくなってしまうと言っているわけではない。新しい軍事技術の開発が進み、新しい兵器体系がつくられていくなかで、空母機動艦隊がその攻撃力を卓抜なものとしてもてはやされる時代は終わったと指摘しているのである。

空母機動艦隊の攻撃力はこれまで以上に強大になっている。しかしながらアメリカはすでに、以前とはまったく違う兵器体系の時代に入っているのである。

二〇一五年以降、トマホークを満載したクルージングミサイル原子力潜水艦や、あるいはレーダーを避けて沿岸地域を隠密《おんみつ》行動し、敵のミサイル基地を破壊してしまう最高スピード三二ノット、レーダーには映りにくいLCSクラスの地上戦闘用舟艇がつくられた。さらには宇宙に張り巡らされた各種の情報スパイ衛星網、長距離クルージングミサイルといった新しい先端技術による兵器体系である。

こういった新しい兵器体系の走りが、アメリカの攻撃型原子力潜水艦「シティ・オブ・コーパスクリスティ」であった。テレビ番組を制作していた当時、アメリカ海軍がこの潜水艦を日本に宣伝するつもりがあったのか、私に同乗取材を許可してくれた。

「シティ・オブ・コーパス・クリスティ」は西太平洋のグアム島の潜水艦基地ポラリスポイントから出航した。このときの様子は私のテレビ番組でお伝えしたが、アメリカ最新鋭の原子力攻撃型潜水艦は、ソビエトの敵の潜水艦を攻撃するだけでなく、強力な空母機動艦隊を密かに、遠距離から攻撃する優れた能力があることをはっきりと示してくれた。

新しい兵器時代のなかで攻撃用航空機の能力も飛躍的に向上した。電磁波によるレーダー網の撹乱《かくらん》をはじめ、攻撃技術もまったく新しくなった。新しい戦いの時代には、建造費が一隻あたり一〇〇億ドル、日本円にすると一兆円もする空母を海上に浮かべておくことは、経済的に見てリスクが大きいことが明白になってしまった。

それでもアメリカは結局、空母機動艦隊の強化、能率化をはかり、一〇万トンクラスの『ジェラルド・フォード』に代表される超大型の原子力空母を一二隻、建造することによって世界の七つの海を制覇し続ける決意を明らかにした。

しかしながらその空母の中身は大きく変わっている。艦載機にしても、一九六〇年から七〇年にかけ、「トップガン」と呼ばれ、一世を風靡《ふうび》した名人気質のパイロットたちが乗ったF-4やF-14の時代は終わってしまい、フォードクラスでは巨大な無人の戦闘機の離着陸の実験も進んでいる。すでに述べたように電磁波によるレーダー網の撹乱技術、さらには無人偵察機による広範囲な索敵《さくてき》偵察飛行が空母の安全性を高めることになった。

アメリカ海軍は、経済的に高くつきすぎ、しかも維持に手間のかかる大型空母の時代は終わったと言いながらも、広い世界の海を制覇するためには空母攻撃部隊が必要だと考えているのである。

言うまでもないことだが、この空母機動艦隊を初めて使って成功したのは、日本帝国海軍の山本五十六提督である。冬の悪条件のもと、太平洋を八〇〇〇キロ航行し、真珠湾攻撃を敢行して成果を上げた。

これもまた知らぬ者がないが、翻訳の手間遅れで宣戦布告が遅れ、日本海軍の鮮やかな攻撃は、アメリカのルーズベルト大統領の宣伝によって「卑怯なだましうち」にされてしまった。だが、この山本五十六提督の空母機動艦隊による攻撃は、いまもアメリカおよび世界海軍の作戦構想の柱になっている。

アメリカはこの構想を発展させて、世界に冠たる空母機動艦隊を構築した。そしていま、中国が真似してアメリカと並ぶ一〇隻の空母体制をつくりあげる計画に取りかかったのである。

こうした中国の構想は、アメリカの世界戦略に対抗するという野心からすれば当然である。しかしながら、いままで述べてきた新しい技術による、まるで巨大な津波のような軍事力の近代化、効率化のうねりのなかで見ると、中国はただ翻弄されているとしか言いようがない。

中国海軍は、空母の大量生産に乗り出したものの、いずれも四万トンから七万トン、つまりアメリカのフォードクラスの半分の大きさである。船体が小さいことは搭載できる資材や機器、艦載機に限界を与えることになる。

アメリカの海軍技術は卓抜している。とくに優れている原子力潜水艦や原子力ミサイル潜水艦、さらにはレーダーに映らないステルス性の海上艦艇や、それと並行して技術的に向上している航空機、無人偵察機、スパイ衛星網といったものを考えると、中国が無謀な軍事力増強を行っていることは明らかである。

少し前のことであるが、アメリカ東北部の小さな州ロードアイランドにある海軍大学で中国空母機動艦隊とアメリカの戦闘について、幾つかのシナリオを使ったウォーゲームが行われた。

私も招待されて、そのウォーゲームの様子を海軍大学大講堂の二階から見せてもらった。詳しい内容は措《お》くとして、アメリカ海軍の若い少佐がウォーゲームのあと、クラブでスコッチを飲みながらこう言った。

「中国海軍が新しい兵器を手にしたことは明らかだ。アメリカインディアンがウインチェスター銃を買って、アメリカ騎兵隊と戦ったことがあるが、まぁ、言ってみればそんな感じだ」

この発言は、酒を飲んでのいわば余興の一言ではあったが、私にはまさに事実を言い当てているように思われた。

アメリカンインディアンとアメリカ騎兵隊の戦いには、いろいろなことが起きた。第七騎兵隊のようにインディアンの攻撃で全滅した部隊の話も残されている。中国海軍も、そういった目覚ましい軍事的な成功を収めることがありうるであろう。

しかしながら現実的に考えれば、若い少佐が言ったように、失礼ながら中国の行動は、インディアンが最新鋭のウインチェスター銃を振りかざしているのと似ていなくもない。

軍事力の近代化はまさに津波のように世界を襲っていると述べた。事実、二〇一四、五年以降、世界の軍事力はこれまでとはまったく違った次元のものになってしまっている。

現象的に新しい兵器にとって替わられたというだけでなく、レーダーに映らないステルス性兵器による戦い、そしてそれに対抗する電磁波の攻撃、さらにはそういった兵器を使いこなす高度な技術といったものが、軍事の世界を大きく変えてしまっている。

そういったなかで、中国が行っている空母機動艦隊の構築というのは、中国からすれば通らなければならない道であり、払うべき努力なのだろう。しかしながら、かつて私が番組のなかでくり返したように、兵器体系は日進月歩の勢いで変わっている。

そうした進歩を続ける兵器体系を使う技術は、加速度的に高度化していく。つまり、二〇一四、五年に始まったアメリカと中国の軍事力の近代化について見ると、中国は量のうえではアメリカに追いついたが、その能力の差はそれからほぼ十年、さらに大きく広がっていることはまぎれもない事実である。

アメリカと中国の軍事力の差を象徴しているのが一〇万トンクラス、無人戦闘機を搭載するアメリカ海軍の空母攻撃部隊、アメリカの空母の半分の大きさしかない中国海軍の空母攻撃部隊である。

アメリカと中国の技術の差は二〇一五年よりもさらに大きく開いてしまっている。だがこういった事実を、アメリカと日本のマスコミはいっさい口にしていない。それは双方が、中国政府の宣伝機関になってしまっているからである。

第三章
アメリカの先端技術が中国を圧倒する

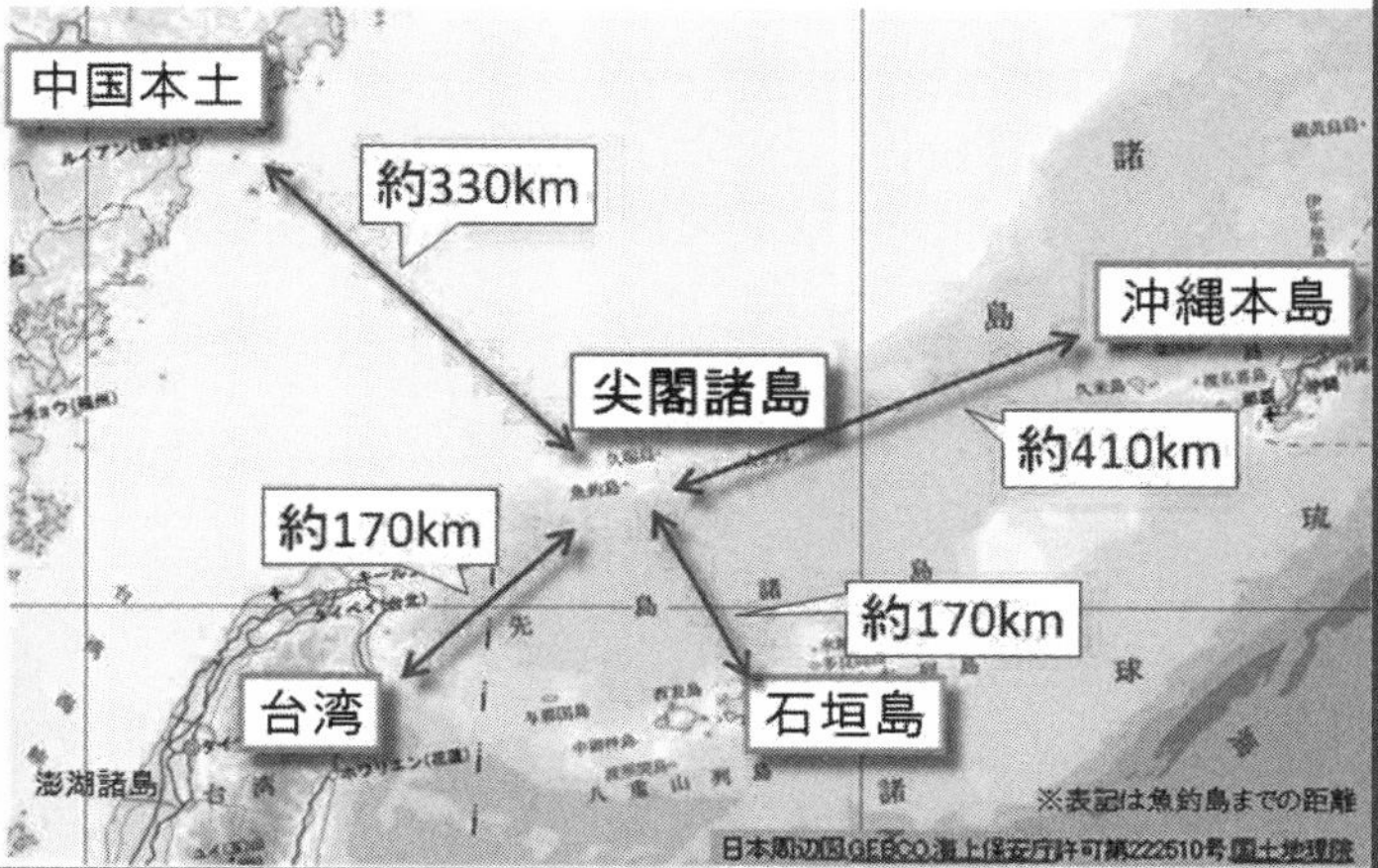

尖閣諸島の地図◆外務省　尖閣諸島に関する資料『尖閣諸島について』より

第一部　アメリカ軍の航空機がすべて爆撃機になる

これまでアメリカ軍事力の象徴であった戦略爆撃機体制が大きく変わろうとしている。アメリカ空軍は大型爆撃機によって敵地を絨毯《じゅうたん》爆撃するという従来の戦略を、向こう三十年かけてつくりかえることにしている。

アメリカは太平洋戦争の末期、日本本土に対してB−29爆撃機による大規模で非人道的な無差別爆撃を行った。後に東京大空襲と呼ばれるようになった一九四五年三月十日の東京に対する爆撃では、三〇〇機以上の爆撃機が三〇万発以上の焼夷弾を投下し、四〇万人近い民間人を殺傷し、東京の下町を焼き尽くした。

アメリカ空軍は第二次大戦後も、敵地を戦略爆撃機によって攻撃するという戦略をほぼ一世紀にわたって続けてきたが、ついにこの戦略を大きく変えることになった。

「アメリカ空軍の歴史的な大変革である」

ヘーザー・ウィルソン前空軍長官はこう言っているが、アメリカの政策担当者たちはアメリカ空軍が戦略爆撃機を使い放題にしてきたこれまでの大量破壊戦略体制を、効率の良い経済性の高い体制につくりかえようとしていると述べている。

こうしたアメリカ空軍の変革は、アメリカ海軍がすでに進めている改革と同じ考えから来ている。アメリカ海軍は莫大な予算を必要とする空母機動艦隊による攻撃という戦略を、小回りの利く潜水艦を使った経済性の高い戦略に換えつつある。

アメリカはいま、全軍にわたって、その戦略を大きく変えようとしているのである。アメリカ軍に起きているこの大きな変化は、中国の経済力に任せた大規模な空母増強計画や、際限のないミサイル開発ときわめて対照的である。

空母にしろ、ミサイルにしろ、中国が現在保有している先端兵器の数はアメリカやロシアに比べるとはるかに少ない。核ミサイルを例にとれば、中国がこの両国と肩を並べるには、現在の保有数を五、六倍に増やさなければならない。

中国の海軍力について見れば、一〇隻の空母を建造してアメリカと肩を並べる空母機動艦隊をつくるには、莫大な費用と年月が必要となる。効率の良い経済性の高い軍に向けて改革を進めているアメリカと逆の道を、中国は選んでいる。

アメリカと肩を並べる軍事力を持つという習近平の大博打は、結局のところ失敗に終わる。これから世界経済がどの方向を向くにしろ、ヨーロッパをはじめ世界各国から非人道的な少数異民族抹殺や共産主義体制に対する強い反感を受けている中国の経済が、このまま拡大を続けられるはずがないからである。

中国人の多くは中国の国内消費と東南アジアに対する輸出によって、今後も中国経済が大きくなり続けると自信を持っているようであるが、中国の国内消費がこのまま順調に拡大を続けるはずがない。

中国はすでに国中が借金に埋もれている。国家、企業、民間、すべてが莫大な借金を負っている。財政赤字が経済を急速に圧迫するようになるのは避けられない情勢である。そのうえ中国が頼りにしている東南アジアの経済は小さく、中国経済を背負うほどの規模はない。そうしたなかで軍事力増強を続けることは、無謀というほかない。習近平は勝ち目のない博打を始めてしまった。

アメリカ空軍に話を戻そう。これからアメリカ空軍は空軍攻撃力の効率化および経済化を図ろうとしているが、その内容は次のようなものである。

まず、現在の経費の浪費型とも言うべきB－52、B－1、B－2という三種の大型戦略爆撃機を柱とする戦略空軍の体制を変えることである。

一九八〇年代から活躍してきたB－1戦略爆撃機は老朽化して、全機を大幅に改造するか新しくつくらなければ作戦が続けられなくなっている。ステルス性のB－2爆撃機には私も実際にコックピットに乗ってみたことがある。性能のわりには機体が重く、運用や維持など、すべてに莫大な費用がかかる航空機であることは歴然としていた。

アメリカ戦略空軍の中心になってきた巨大な戦略爆撃機B－52は、内部の機器を最新のものに取り替えたり、エンジンを改造したりすることによって驚くほど長いあいだアメリカ空軍の第一線機として活躍してきた。

アメリカの宇宙防衛軍は、世界全体を考える戦略爆撃の担い手としては、やはりB－52しかないと考え、その寿命をさらに三十年延ばすべく、新しいエンジンを製造元のGE・アビエーションに命じている。

アメリカ空軍の計画によれば、B－1戦略爆撃機はすべて二〇三一年には退役し、B－2も二〇三三年に退役してしまう。そしてアメリカ戦略空軍のワークフォースと言われてきたB－52はエンジンを新しくしたとしても二〇五〇年には姿を消すことになっている。

アメリカ空軍、とくに宇宙防衛軍の構想によると、アメリカは合わせて二二〇機の戦略爆撃機を必要としている。現在その中核となっているのはB－52だが、アメリカ空軍は、このB–52とB–1、B–2の三つの戦略爆撃機をすべて、新しいB–21に変えようとしている。B–21はステルス性が格段に優れている。機体は、ほぼ同じような形のB–2の三角形をした底辺の長さが五四メートルであるのに、五〇メートル弱と小ぶりである。爆弾の搭載量もB–2は六万ポンドだが、B–21はその半分、三万ポンドである。B–21は二〇二二年には初飛行が行われ、十年後の二〇三二年に一機目が空軍に引き渡されることになっている。それから十八年後、二〇五〇年にはアメリカ戦略空軍はB–1、B–2、B–52のすべてが退役し、B–21だけになる。アメリカ空軍の予算によると、合わせて一〇〇機のB–21が実戦配備につくことになっている。

効率化、経済化をめざすアメリカ戦略空軍の機能は大きく縮小されることになるが、それを埋め合わせる手段としてアメリカ空軍はほかの方法を考えている。「精密爆弾」と呼ばれる命中精度の高い爆弾を小型化して搭載する、各種航空機の機能の大幅な変革である。

その象徴になるのがアメリカの代表的な戦闘機F–15である。アメリカ空軍は敵機と戦うべくつくられているこのF–15を改造して小型精密爆弾投下システムSDBⅡ型を取り付け、地上爆撃機として使う計画を立てている。F–15は日本でも邀撃戦闘機として採用され、F–15Jとして使われている。

改造されたF－15に搭載されるＳＤＢⅡ型は、デジタル機能を持つ精密爆弾を投下するシステムである。高度一万メートルから投下しても、目標の一〇メートル以内を破壊する能力を持っている。風速や気圧に影響されることもあるが、命中精度はきわめて高いと言われている。

改造後のF－15の搭載能力は二八パーセント増える。七〇〇〇ポンドのＳＤＢⅡ型を二基、搭載することが可能になった。これとともに「イーパス」と呼ばれる、敵からの攻撃機を発見、回避する機能をはじめ、地上攻撃目標を的確に見つける機能なども装備されることになっている。

アメリカ空軍によるとＳＤＢⅡ型を装備したF－15Ｅは二〇二二年には実戦配備されることになっている。飛行する戦闘機が爆撃機でもあるという、これまでになかった現象が空中に起きる。

アメリカ空軍は、輸送機や偵察機、対潜水艦哨戒機や、さらには無人偵察機にもＳＤＢⅡ型を搭載する計画を立てている。実現すればアメリカ空軍全体の爆撃能力が大きく向上することになる。アメリカ空軍のチャールズ・ブラウン司令官はアメリカ議会の証言で、次のように述べている。

「ＳＤＢⅡ型を搭載するＦ‐15ＥＸは第四世代の戦闘機であるが、第五世代のＦ‐35と同じ性能を持つことになり、アメリカ空軍の爆撃能力が急速に向上する」

現在、開発が行われているＦ‐35はステルス性が高く、日本の航空自衛隊も購入することにしているが、運用のための費用が高くつく。アメリカでは一時間飛行すると三万五〇〇〇ドル必要だと言われている。しかしＦ‐15ＥＸの場合は、一時間あたりの飛行費用が二万七〇〇〇ドルで済む。

アメリカ空軍の計算によると、Ｆ‐15をＦ‐15ＥＸに改造し、爆撃機として使うことは経済的に見ても、アメリカにとってきわめて得になる。そのうえ注目すべきは、ステルス性の高いＦ‐35は多量のレアアースを使用している。レアアースは中国から輸入しなければならないため、米中関係の悪化で、Ｆ‐35を製造するための十分なレアアースが集まらないという問題が起きている。

すでに述べたように、ＳＤＢⅡ型を戦闘機に搭載して爆撃機にするというこの構想を拡大していけば、無人偵察機に装備して地上を爆撃することもできるようになる。アメリカ空軍はさらに、あらゆる航空機に地上基地攻撃用ＧＢＵ‐12爆弾や海上艦艇を攻撃するヘルファイヤーミサイルを搭載する技術を開発中である。

こういった技術が一般化してくれば、我が国が保有している優秀な邀撃戦闘機F－15Jを改造し、中国の海上艦艇を攻撃する能力を日本が持つことを可能にする。しかもこうした新しい兵器体系が一般化すれば、軍事力増強を続ける中国に対する新しい戦略の樹立という大きな利点を、日本やアメリカなど民主主義国家に与えることになる。

中国の無謀なまでの一大軍事力の大増強は、世界的な兵器体系の変革、戦略の変化を呼び起こしているのである。

第二部　アメリカ最新鋭の潜水艦が西太平洋を埋め尽くす

二〇二〇年秋、アメリカ攻撃型原子力潜水艦バージニアクラスの最新鋭、第Ⅲ型の『ノースダコタ』がアメリカ海軍に引き渡され、正式に就役した。この『ノースダコタ』はかつて私が同乗したことのあるアメリカの原子力クルージングミサイル潜水艦『オハイオ』改良型の後継となる潜水艦である。今後アメリカ政府は、予算があれば六六隻以上のバージニアクラスⅢ型を建造することにしている。

このバージニアクラスの第Ⅲ型は、攻撃能力に優れているだけでなく、機敏な行動力を備え、敵から察知される危険がきわめて少ないという有利な特性を持っている。その最大の攻撃力は、艦首につくられた二基の垂直型発射装置に収納されている、合わせて一二基のトマホークミサイルである。トマホークミサイルは、海面に近いところから垂直に打ち上げられ、海面一、二メートルのところを時速五〇〇マイル以上で数百キロを飛び、敵艦艇を攻撃する。

そのほか艦首下面には二基の魚雷発射管を有しており、大型の魚雷合わせて八基を装備している。バージニアクラスⅢ型はまた、艦尾と艦首に高性能のソナーを持ち、敵の動きを敏感に察知するほか、衛星通信アンテナや、通信施設を多数装備している。

中央部には海兵隊一個小隊を収容し、小型艦艇で海中に発射、地上の敵を攻撃する能力を有している。

このバージニアクラスの前身であるオハイオクラスの原子力クルージングミサイル潜水艦に同乗を認められ、作戦に加わったことがある。バージニアクラスに装備されている海兵隊の出撃装置や、トマホークミサイルを実際に触ってみたりしたこともあるが、最新鋭のバージニアクラスⅢ型では、すべてがデジタル化されている。

トマホークミサイルを多数装備するバージニアクラスが縦横に動き回るようになり、西太平洋の軍事地図は大きく変わった。それと同時に、ステルス性の高い『カーティス・ウィルバー』など、高性能の駆逐艦や巡洋艦が太平洋における海上戦闘の様相を大きく変えた。クルージングミサイルを搭載した新鋭の潜水艦は、水上戦闘艦『ＬＣＳ』と協力し、中国沿岸地域にある隠されたミサイル基地やレーダー基地を破壊することを任務にしている。

アメリカ第七艦隊の空母が、南シナ海から東シナ海にかけ、悠々と海上行動を展開しているのは、こういったいわば目に見えないところで活動する潜水艦と地上攻撃艦艇の協力のおかげである。とくにバージニアクラスⅢ型クラスの潜水艦は強力な魚雷を保有し、中国の潜水艦を見つけ出し、海中で葬ってしまうのを仕事としている。アメリカ海軍の潜水艦担当者が私にこう言ったことがあった。

「中国は多数の潜水艦を西太平洋にばらまいていると主張しているが、作戦指揮命令がうまく行われていない。しかも潜水艦を静かに動かすという原則に注意を払っていない。その結果、中国潜水艦はアメリカ側の攻撃の恰好の目標になってしまっている」

この話はこれまでも幾度か触れたが、中国の潜水艦は中国軍の潜水艦司令部も知らないまま、アメリカ潜水艦隊の餌食になり、太平洋の底に沈んでいる。

中国はすでに原子力潜水艦を二隻ないしは三隻、実戦配備しているというが、その行動についてはまったく明らかにしていない。作戦的に秘密にしているわけではなく、発表できないあいだにアメリカ側に沈められてしまった可能性が大きい。

アメリカ第七艦隊は対潜哨戒機《たいせんしょうかいき》を常時飛ばし、ソノブイを投下して、中国潜水艦の行動や潮の流れ、海水の温度や濃度を詳しく調査するとともに、常時攻撃即応体制をとり続けている。

かつて中国の潜水艦がアメリカの空母に接近し、長時間追尾したことがあった。このことを中国側は、「アメリカの空母がいかに危険に対して脆弱《ぜいじゃく》であるかの証拠である」と述べている。しかし当時、太平洋艦隊の司令官で後に海軍作戦部長になったラフェッド提督は私にこう言った。

「中国の潜水艦が我々の空母を追尾して、魚雷やミサイルを発射しようとしても、空母には、自動的といっても良い反撃システムがある。発射と同時に中国の兵器は破壊され、潜水艦は沈没する」

ラフェッド提督が私にこの話をして以来すでに十数年経っているが、いまも述べたように、アメリカの技術は日進月歩で新しくなっており、中国は対抗する術を失ってしまっている。

アメリカの潜水艦の乗組員には、アメリカ海軍のなかでも性格的に温和で喧嘩などしない人たちが選ばれている。私の乗ったどの潜水艦も驚くほどの静けさであった。食器など器物を落として音を立てるようことはまったくなかった。

アメリカ海軍の関係者によれば、中国海軍の潜水艦の乗組員は大きく違っている。アメリカ海軍のような特別な人格テストも行われないまま乗組員が選ばれるので、喧嘩や大声がソナーに聞こえてくることもあるという。アメリカ海軍の関係者が私にこう言ったことがあった。

「潜水艦というのは中国の軍人たちには、あまり似つかわしくない兵器であるように思われる」

こうした見方がすべてであるとは思わないが、アメリカの潜水艦が全力を挙げて音を消しているときに、中国の潜水艦がまるで街宣車のように大きな音を上げて動き回っているのは間違いない。海軍における潜水艦の時代というのはまさにアメリカのものであり、中国はその国民性からして向いていないと私には思われる。

中国に向いていようがいまいが、世界の海軍は潜水艦の時代を迎えつつある。西太平洋においてはアメリカだけではなく日本もまた優秀な潜水艦をつくり、勤勉でまじめな海上自衛隊の乗組員が静かに海中を潜航している。

潜水艦の時代といえば、台湾政府の潜水艦作戦についても言及する必要があるように思われる。

一九八〇年代、私はワシントンのＮＨＫ支局長を務めていたが、取材活動の延長線上で、台湾の国防大学を取材し、責任者たちと幾度か話し合ったことがあった。このときに分かったのは、台湾側が中国の侵略に対抗して台湾海峡の西側、中国に面した場所に多くのディーゼル型潜水艦を張りつけていることだった。

台湾は、中国側が輸送艦隊などを送り込んできた場合には、撃沈する体制を密かにつくりあげていたのである。このとき台湾にディーゼル型潜水艦を提供したのは、Ｕボートの成功で名高いドイツであった。

すでに述べたように、台湾はアメリカから優秀なディーゼル型潜水艦を多数買い入れ、中国側の侵略を待ち構えている。中国が歩兵部隊を上陸用舟艇や、強襲空母、さらには漁船や客船などによって送り込んだ場合には、台湾側の海底に静かに横たわっている台湾の潜水艦が一斉に行動を開始し、中国の輸送艦隊を全滅させる。中国側はこうした情報をスパイの活動によって手に入れ、これまで台湾侵攻を控えてきたのである。

日本の潜水艦隊についても、世界の人々はその優秀な能力に驚いている。日本はもともと帝国海軍の時代から優秀な潜水艦をつくることでは定評があったが、第二次大戦中はそれをうまく使うことができなかった。アメリカ海軍の私の友人はこう言っている。

「日本海軍が優秀な潜水艦隊を自由に使いこなしていれば、膨大な数のアメリカの輸送艦隊が葬り去られたはずであった。しかし日本海軍は輸送艦隊を潜水艦によって沈める作戦をとらず、戦略的な勝利を逃してしまった」

海上自衛隊の「22大綱」と呼ばれる防衛計画によれば、日本は二二隻の新鋭潜水艦を保有し、優秀な隊員たちによって動かされているはずである。しかも潜水艦にとって欠かせない電池や魚雷の開発については、世界の注目を集める成果を上げている。日本の潜水艦隊がいったん軍事行動を起こした場合には、中国に対して多大な効果を上げるのはいとも易しいことだと思われる。

こうして見てきただけでも、世界はいまや潜水艦の時代に入りつつある。そうした時代に、巨大な空母機動艦隊は大きな危険を抱えて行動しなければならなくなっている。海軍の作戦を考えるにあたっては、潜水艦を中心に多くの要素を取り入れて考えなくてはならなくなっている。アメリカ海軍士官学校の専門家たちが「空母の時代は終わった」と言っているのは、まさにこうした事態を指している。

一九四一年十二月八日、日本帝国海軍の山本五十六提督がほぼ八〇〇〇キロの太平洋の荒波を乗り越え、真珠湾を攻撃したときにはこういった潜水艦隊や宇宙にばらまかれたスパイ通信衛星などといった障害は存在しなかった。まさに空母機動艦隊の始まりとも言える時代であった。中国の首脳たちはそうした歴史の大きな動きを見落としてしまっている。

第三部　アメリカの超音速ミサイルが中国を制圧する

私がペンタゴンの記者クラブの時代からメンバーになっているアメリカ空軍協会の幹部会で、アメリカ空軍の新鋭機開発責任者になっているヒース・A・コリンズ代表がこう述べた。

「我々は自分たちの技術について、あまり褒《ほ》めたり、自己満足を表明したりすることはない。しかしながら、いま開発が行われている二つの超音速クルージングミサイルは、専門家の見地からしても、息を呑むとしか表現できないような、すばらしいものだ。実に驚くべきものだ」

このコリンズ代表が言及した新しいクルージングミサイルというのは、一つはいわゆる通常型の超音速クルージングミサイル、もう一つはアメリカが極秘のうちに開発してきた「ＡＲＲＷ」と呼ばれている超音速の無人航空機である。

アメリカ空軍はトランプ前大統領の軍事力増強政策のもと、戦略空軍や宇宙防衛軍の能力を急速に強化してきた。予算面でも運用経費が充実していたことから、実戦的な戦力の強化が行われてきている。

アメリカの国防予算を見ると、オバマ元大統領の時代に大幅に冷遇されていた時代と比べて、まったく新しい時代に入った感がある。その状況は、例えて言えば、一九六〇年代のアメリカの核戦力強化の時代の再現と言うこともできる。

コリンズ代表が指摘した新しい超音速クルージングミサイルと無人航空機の詳細は、これまでのところ軍事機密に指定されており、その兵器の正式な名称すら外部には発表されていない。

しかしながら、外に漏れてきた限りの情報からすると、音速のクルージングミサイルは、担当者たちのあいだでは「音速攻撃クルージングミサイルＨＡＣＭ」と呼ばれ、もう一つのほうは「空中発射型即応兵器ＡＲＲＷ」と呼ばれている。この二つの兵器が今後、アメリカの軍事攻撃力の中心になると見られている。

これまで私が集めた情報によると、超音速攻撃用クルージングミサイルは、文字通り「息を呑むような」性能を持っている。つまり空気を吸い込みながら、推進力を増強し続ける機能を持ったミサイルなのである。

この「ＨＡＣＭ」と呼ばれるミサイルは、これまでの通常のミサイルと比べると、瞬発的な音速スピードを出せる特別なエンジンを内蔵し、大気中の比較的低い軌道をこれまでのミサイルと比べると素早く飛ぶ一方、航続距離は比較的短い。コリンズ代表は次のように述べている。

「ＨＡＣＭは空気の流れを利用し、スピードを高める技術を有している。つまり大気を潮の流れのように利用するわけだ。一方、超音速の無人航空機ＡＲＲＷは、アメリカ軍の通称としては『ＡＧＭ‐１８３Ａ』と呼ばれており、これまた大気圏を滑走する形で超音速のスピードを出すことになっている」

アメリカ軍の担当者によると、ＨＡＣＭは通常の戦闘機や爆撃機に搭載され、通常爆弾として使われることになっている。ＡＧＭ－１８３Ａは、とりあえずは戦略兵器として使われることになっており、戦略爆撃機が搭載する。

アメリカ軍当局はこの二つの超音速のクルージングミサイルが本格的に実戦化される時期を明確にはしていないが、ネバダ州チャイナレイクのアメリカ空軍新兵器実験場では、すでに戦略爆撃機や戦闘機に搭載された実験が始まっている。

このうちＨＡＣＭのほうは、どちらかと言えば通常のミサイルとほぼ同じ形態をしている。ロシアはすでに開発を終了し、中国が模倣して製造しているものともほぼ形態が似ているという。アメリカ製はロシア製よりも取り扱いが易しいうえ、機能的にも優れ、製造費もロシアや中国のものよりははるかに安いと言われている。

もう一方のＡＲＲＷは、通称は「ＵＡＶ（Unmanned Aerial Vehicle）」と呼ばれ、一部流布されている写真によると、無人攻撃機リーパーや無人偵察機グローバルホークとほぼ同じ形態をしている。

ＡＲＲＷはアメリカ軍の主力になっているＦ－16やＦ－35に搭載され、敵のレーダー基地や情報センターなどに直接攻撃を行うほか、電波を発射して敵の情報データを収集する能力がある。

このＡＲＲＷは行動半径が三〇〇〇キロと長く、はるか敵側の奥深くまで行動することができる。そのうえ製造費がきわめて安い。Ｆ－16Ｃなどの攻撃型戦闘機が一機七〇〇〇万ドルするのに対し、ＡＲＲＷは性能が優れたものでも一〇〇〇万ドル、単純な機能のものであれば二〇〇万ドル程度と言われている。

このほかＡＧＭ－１８３Ａ ＡＲＲＷは無線誘導によって、任務を果たしたあとは基地に帰還し、パラシュートを開いて地上に降りてくる。つまり現在使われているアメリカ軍の兵器のなかでは珍しく、何度もくり返し使用できるのが特徴になっている。

この二つの超音速兵器は、アメリカ軍が今後世界的に電子戦争をくり広げるための強力な兵器になる。とくにＡＧＭ－１８３Ａ ＡＲＲＷは、ＩＲＳつまり情報収集や偵察飛行の重要な手段になる。中国が推し進めている、アメリカ軍を寄せつけない接近阻止・領域拒否Ａ２／ＡＤ戦略に対する強力な兵器となる。

アメリカ空軍はこの二つの新しい兵器を柱に、ステルス性が高く、超音速で飛ぶミサイルや無人航空機の開発に全力を挙げることにしている。そのための費用は、基本的にアメリカ空軍の開発予算に組み込まれている。宇宙防衛軍や戦略空軍の経費として、今後、急速に拡大していくものと予想されている。

アメリカは、こういったきわめて特殊な性能のミサイルや無人航空機の開発に力を入れているだけでなく、通常兵器の性能の向上にも力を入れている。

二〇二〇年初め、フロリダのエグリン航空基地に「アグスタウエストランドＡＷ１３９」と呼ばれている民間の最新鋭のヘリコプターが着陸した。このＡＷ１３９は、民間が開発したものではあったが、行動能力が高くスピードが出るため、アメリカ軍が購入を決定し、「ＭＨ–１３９グレイ・ウルフ」と名づけられた。

現在、アメリカ空軍だけでなく海兵隊も含めてグレイ・ウルフはアメリカ軍のヘリコプター戦力の中心になりつつある。ベトナム戦争以降活躍してきたＵＨ–１ＮＨＵＥＹ、通称ヒューイーの後継機に決まり、すでにアフガニスタンの戦の一部で使用されている。

ＵＨ–１ＨＵＥＹは一九六〇年代、私がＮＨＫの特派員としてベトナムに派遣されていた時ほぼ連日乗っていたヘリコプターである。南ベトナム北部のダナンなどでは専用のヒューイーを一機与えられたこともあった。

ヒューイーの機体の下の部分は分厚い鉄板で覆われているが、「ベトコン地帯」と呼ばれていた戦闘地帯を飛ぶと、地面に伏せたベトコンが発射する銃弾がその鉄板に当たり、不気味な音を響かせたのをいまも覚えている。

ヒューイーは優秀なヘリコプターではあったが、速度はあまり速くはない。巡行速度は一〇〇ノット以下、最高速度を出しても一時間で一四九マイル、行動半径も三〇〇マイルと短い。上昇能力はほぼ五〇〇〇メートル、搭載量は四トンあまりで、パイロットとコーパイロットを除くと、戦闘員四人を収容するのが精一杯であった。

MH-139は、ヒューイーに比べるとはるかにスピードは速く、巡行速度は一四〇ノット、最高スピードは一六七マイルと、行動半径はほぼ八〇〇マイル、最大積載量は七トン、六、七〇〇〇メートルまで上昇することができる。MH139は、アメリカ軍が最新鋭の技術を注入して、二十年来の古い兵器体系を一斉に最新鋭のものに取り換える努力を象徴している。

ここまで述べてきたような、超音速のミサイルや無人航空機、それに性能の優れた新しいヘリコプターはすべて、アメリカが新しい軍事力の世代に入ったことを示している。アメリカ軍の兵器は今後、加速度的に進歩することになると思われる。

こうしたアメリカ軍の高性能化は、このあと述べるアメリカ海軍の兵器体系の強化のスピードアップにも表れているが、その結果としてアメリカと中国の軍事技術の差は、年を追うにしたがって大きくなると私は見ている。軍事技術はこれから大開発、大変革の時代を迎えることになる。

中国はこれまで、技術を一つずつアメリカから盗み、兵器体系に組み入れてきた。しかしながら、この超音速の技術のように、爆発的な大変化を遂げるようになると、盗み取るだけでも難しいうえ、アメリカのように使いながら性能を高めていくやり方ができない。

アメリカの技術を盗み、それを単純に真似して兵器を製造するという中国のやり方は、通用しなくなる。中国にとってアメリカに技術的、科学的に挑戦することはますます困難になる。これまでのようにアメリカにスパイを送り込み、技術を盗むだけでは、アメリカに追いつくことはできない。兵器を使いながら性能を向上させていくというアメリカのやり方を真似する能力は、中国にはない。

第四部　核兵器を使うための点検と小型化が始まった

アメリカ軍のための核兵器をもっとも多量に生産しているサンディア国立研究所は、

ニューメキシコ州の砂漠のなかにある。私もテレビ番組をつくっている時代に訪問したことがあるが、アメリカの軍事基地のなかでも飛び抜けて警備が厳重だった。鉄条網が張り巡らされた基地の周りを車で走らせるだけでも、どこからともなくアメリカ軍憲兵隊の姿が現れてくる。

この研究所がつくったアメリカ軍の核兵器のなかでもっとも有名なのはB61-12と呼ばれる核兵器で、長さはほぼ二メートル、直径四〇センチくらいで、多くの戦略爆撃機やミサイルに組み込まれている。

二〇二〇年秋から、このサンディア国立研究所でこのB61-12すべての検査が始まり、新しいものに取り換える作業が始まっている。もっとも基本的な検査は、この爆弾に故障があるかどうかを見極めるため、音波による衝撃を与え、構造的な問題があるか調査することである。もうひとつ重要なのは、核弾頭のウラニウムが老化し、爆弾として核分裂する機能が低下しているか否かを調べることである。

アメリカ軍が核兵器を本格的に調査するのは、日本に投下した原爆を製造した一九四〇年代のマンハッタンプロジェクト以来だと言われている。アメリカは新しい兵器体系に力を入れる一方で、核兵器の小型化、高性能化、効率化の作業を急速に進めている。

もともと核兵器というのはアメリカの国家戦略の中心になるものである。ある意味で、国家権力の象徴として扱われてきた。秘密保持がやかましく、ほとんどの人にとっては見る機会もない。そうした雰囲気のなかで、アメリカの核兵器は、長いあいだ手もつけられないまま貯蔵されてきている。

もっとも時折、抜き取り的な検査は行われてきた。核弾頭の爆発実験を行い、分裂機能が正常であるかどうかを調べてきた。デジタル化の時代になって以降は、実際に核爆発を起こさせずにその機能の調査を行ってきた。

しかしながら、あらゆる兵器体系が進歩し、小型化されるとともに、古い核弾頭では合わなくなる懸念が強くなった。そこで全面的に核兵器を点検し、さらに小型化し、性能を高めるための検査を始めたのである。

この問題については、アメリカ国防総省もはっきりした発表を行っていない。しかしながら漏《も》れてくる情報によれば、一九四〇年代以来八十年にわたって貯蔵されてきたアメリカの核兵器が時代遅れになっているのは紛れもない事実である。

こうした実情についてまったく触れないまま、ロシアとの核軍縮協定を保持してきたのは大問題であるという指摘がしばしばなされてきた。しかも現在は射程五五〇キロから五〇〇〇キロの中距離ミサイルについては協定が無効になってしまったため、関係者のあいだで強い懸念が広がっている。

しかしアメリカ軍の当局者から見ると、ロシアとの軍縮協定よりも何よりも重要な核兵器についての問題は、現存する核兵器が古くなって、いざ実際に使用した場合、役に立たないのではないか、ということなのである。関係者にしてみると、口にするのも恐ろしい問題で、これまでは誰一人として表立って指摘してこなかった。

現実に調査をしてみると、製造以来八十年も経ったアメリカの核兵器は、調査担当者が呆れるほど古くなってしまっている。一九四〇年代といえば、現在のアメリカ軍の担当者のほとんどがまだ生まれていなかった時代である。その頃につくられた核兵器が当時は最新のものとはいえ、老朽化してしまっているのは当然である。

音響調査の結果については、明らかにはなっていないが、担当者から漏れてくる情報から察するかぎり、恐ろしく古くなっていると思われる。さらに問題なのは、あらゆる資料が分散してしまい、製造したときの状態や、保管の状況についての事情があやふやになっていることである。

担当者をもっとも懸念させているのは、核兵器製造に関わった人々のほとんどが年をとって、引退したり亡くなったりしていることである。その結果、誰がどういう形で責任をとってきたのかが明確でない。こうした状況のなかで、核兵器についての管理体制をどう新しくつくりかえていくか、関係者は全員、頭を抱えているという。アメリカ国防総省の核兵器管理部門の責任者はこう言っている。

「核兵器について調査してはっきりしたのは、管理の責任者や担当者が年をとっていなくなってしまったことだ」

この事態はアメリカの安全に関わると言える。私が手に入れたサンディア国立研究所の調査の写真では、まるで町工場の片隅で仕事をしているような光景が見られる。正式な発表写真ではないために、よけい曖昧さが目立つのかもしれないが、アメリカの国家戦略の基本である核兵器の調査というよりは、町工場の製品検査のような風景なのである。ペンタゴンの核兵器貯蔵の専門家は次のように述べている。

「このままいけば、核兵器の貯蔵体制そのものについての記録や仕組みも曖昧なものになってしまう」

この話を聞きながら私が思い出したのは、アメリカ空軍の核兵器の扱いの杜撰《ずさん》さだった。アメリカ本土にあるべき核兵器が台湾のアメリカ軍基地で見つかった、という事件もあった。あるいは西海岸の基地が通常兵器を発注したのに、核兵器が送られてきたという話もあった。核兵器の移動、輸送の際には爆破装置を取りはずすなど、非活性化が必須条件になっているにもかかわらず、爆破装置を付けたままの核兵器が送られた、という信じがたい話もある。

しかしながらそうした話より恐ろしいのは、「このままいけば、核兵器保存体制の専門家がいなくなってしまう」という担当者の発言である。アメリカ軍の第一線部隊は基本的には核兵器の力によって成り立っている。核戦力が基盤、基本になっている。その管理体制があやふやで、専門家が消え失せようとしているのである。

アメリカ軍の核兵器を基本とする戦略体制については、ミサイル原子力潜水艦や戦略爆撃機を幾度も取材して見てきたが、第一線では、あらゆる兵器体系が最高の機能を持ち、担当者もすべて優秀な人材が選抜されていた。

そうしたなかで、核兵器そのものの管理体制があやふやになっているというのは、私はそれなりの理由があると思う。アメリカ軍の首脳をはじめ評論家やジャーナリストたちは気がつかないでいるが、核兵器というのは軍事力の一部で、特別な兵器体系だとは言いながら、全体的な構図の中でその存在と機能を考えなければならないものだということである。つまり、あらゆる兵器体系のなかでどれだけの意味を持っているかを認識する必要がある。

ところが、アメリカ軍の兵器体系をはじめとする通常兵器の能力が強化、拡充されるとともに、中心になっているはずの核兵器に対する配慮がはっきりしなくなってしまった。つまり、ソビエト、のちのロシアや中国、イスラムなど、敵に対する、アメリカの通常兵力や経済力があまりにも圧倒的な力を持ってしまったために、核兵器についての配慮や懸念が、お留守になってしまった。

現在に至って、アメリカの通常兵力、経済力、政治力は相対的に低下し、ほかの国々との格差があまり大きくなくなってしまっている。そうしたなか、アメリカの戦略担当者は驚いて、アメリカの力の中核になる核兵器の現状について心配を始めたのであった。

今後アメリカは急速に、しかも確実に、アメリカの核兵器の機能の向上と性能の強化に力を入れなければならなくなる。そうしなければ、アメリカの影響力が維持できなくなってしまう。このことにアメリカ軍の責任者がようやく気づいたというのが、現在の状況である。

アメリカはこれまで見てきたように、ミサイル潜水艦の強化や戦略爆撃機体制の見直しを始めているが、その基本になる核兵器そのものについての点検と戦力の強化を開始しようとしている。アメリカの力が相対的に低下したなかで、頼れるのは核兵器だけという、きわめて危険な状況になっていることを認識したのである。

第五部　アメリカはもはや巨大基地グアムを必要としない

アメリカ領グアムは日本から見て、フィリピン列島を越えた南太平洋の向こう側にある、紺碧《こんぺき》の空とあくまでも紺青《こんじょう》の美しい海に囲まれた南の島である。

観光地として日本人に親しまれるようになってイメージが少し変わったと思うが、首都ハガニアをはじめ、観光を楽しむ人々が訪れる海はごつごつしたサンゴ礁と岩が多く、美しい白い砂浜の島というイメージはない。グアム島が世界的な脚光を浴び始めたのは、ベトナム戦争の際、B-52の基地として、北ベトナム、ホーチミンルートのジャングルを焼き払うという一大戦略爆撃の拠点になったからである。

その頃、私はサイゴンで取材をしていたが、アメリカ軍の協力を得て、グアム島アンダーセン空軍基地のB－52の大部隊を取材したことがあった。午前五時、南の空に太陽が上がる前、猛烈な爆音を響かせてB－52の大編隊が次々とベトナムへ向けて発進するのを取材した。

薄闇のなか、ジャングルの樹々を越え、アフターバーナーを効かせたエンジンが火の玉となって、B－52が次々に飛び上がっていった。このB－52の大群はベトナムを爆撃するだけでなく、夏になると必ずやってくる台風を避けて、大挙沖縄の嘉手納基地に避難してきた。嘉手納基地の飛行場が巨大な翼のB－52の大群によって埋めつくされた。当時の嘉手納基地は、アメリカ軍事力の巨大さを示す象徴とも言えた。

グアム島にはB－52をはじめとするアメリカ戦略爆撃機を収容する基地のほか、南側の端には「ポラリスポイント」と呼ばれるアメリカ原子力艦隊の基地がある。私はここからアメリカ海軍の原子力攻撃型潜水艦に乗って、太平洋のパトロールに出発したこともあった。グアム島の中心は、島の北部にある巨大なアンダーセン基地である。三〇〇〇メートルクラスの長い滑走路が三本、長々と伸びている。飛行場の西の端にある丘陵地帯は強い岩石からできていると言われ、その中には膨大な量のアメリカの核爆弾が貯蔵され、中国に対して睨みを利《き》かせている。

グアム島は、中国からほぼ三千数百キロ、B‐52にしても三時間程度の飛行距離の所にある。戦略的には、中国を攻撃するにはやや遠すぎる感もある。しかしながら、アメリカの戦略担当者からすると、中国本土を遠くから睨み、常に爆撃可能であるという優れた利点を有している。アメリカ空軍の戦略爆撃機B‐52は核爆弾を搭載してグアム島を発進し、中国大陸の端を北上して戦略パトロールを続けていたが、その行動を援護するのが、沖縄の那覇基地を発進する日本の航空自衛隊とアメリカ太平洋空軍の戦闘機であった。

グアム島には北から南へ一本の大きな道路が貫いている。中心部であるハガニア市に幾つかのホテルやカジノがある以外は、軍事一色というのがその特徴であった。私は取材のため幾度となくグアム島を訪れ、南の地平線上に大きく伸び上がっている積乱雲の陰から現れてくる、アメリカ戦略空軍の航空機の機影を撮影した。

アメリカ戦略空軍がアメリカ本土から虎の子であるステルス性の高いB‐2爆撃機をグアム島に進出させ、新しくて頑丈な格納庫の中に置いていた時期もあった。こういったアメリカの領土グアムは、アメリカ太平洋戦略の最先端の戦略基地として、中国に対する重要な攻撃拠点となってきた。

このグアム島と、さらにその北にあるハワイ、はるか東にあるアラスカ、そして日本の沖縄は「鉄の三角地帯」と言われた。グアム島は、アメリカの力をアジアに張り巡らすための重要拠点として使われてきた。

アメリカ空軍が、時には五〇〇機に上る戦闘機や爆撃機をアジアから駆り集め、さらにはアメリカ本土から二〇〇機を超える空中輸送機を集めて、まさに歴史的とも言える大規模な軍事訓練を展開して、中国に脅しをかけたこともあった。

ところがそういったアメリカ一人勝ちという状況が終焉し、中国が強力な核ミサイルを持ち、海上艦艇を保有して、アメリカの前線、戦略基地グアム島を脅かすようになってきた。

その中国の軍事的な脅威の象徴が、この本の第一章で述べた沖縄占領というシナリオである。同時に現実味を帯びてきたのは、中国本土から三千数百キロのグアム島が軍事的に安全とは言えなくなったことである。

戦略的な見地から見ると、南シナ海に浮かぶアメリカの一大軍事拠点グアムは中国のミサイル攻撃の絶好の標的になる。中国のミサイル戦力は一般に言われるほど強力なものではなく、アメリカ本土を攻撃する戦略ミサイル部隊は存在しない。原子力ミサイル潜水艦も、宣伝されているような能力は持っていない。

中国の戦略を分析すると、せいぜいのところがミサイル戦力によって中国周辺にあるアメリカ軍基地を攻撃することである。しかしながら中国がグアム島をミサイル攻撃し、海上艦艇によって攻撃を加える能力を持ってしまった以上、これまでのようにこの島を中国に対する戦略最前線基地としてアメリカが使うことは難しくなってきている。

これまでアメリカは中国の攻撃がさほど強力でないという状況のもとでグアム島に巨大な空軍力を集め、中国攻撃のデモンストレーションを行ってきた。だが、いまや状況が大きく変わり、グアム島に膨大な数の戦略空軍や戦闘機、さらには地上部隊や海軍兵力を集めることは、軍事的に見てむしろ危険であるという考え方が強くなっている。

デジタル化が急速に進み、通信機能が飛躍的に効率化した結果、あらゆる情報をグアム島の戦略基地で一元管理し、兵員と航空機、艦艇を集めて命令を下し、軍事行動を行うという状況が大きく変わった。現実的に見て、西太平洋から東シナ海に至る地域に存在する同盟国の基地を組織的に使い、中国に対する包囲網をつくり、総合的な軍事行動を行うほうが安全であり、効果的ということになった。命令系統から見ても、デジタル化で通信機能が充実し、複雑な情報の交換が容易にできるようになった。

日本列島からフィリピンに至る海域には多くの島々がある。沖縄の南西列島、八重山群島や宮古島、石垣島、それにフィリピンの島々がつながっている。こうした島々の基地は、沖縄や尖閣列島を万が一奪われたとしても、太平洋に張り巡らせたアメリカの軍事基地ネットワークになる。

台湾に近い石垣島はゴルフ場を壊して民間のための飛行場ができているが、これはいつでも軍用化が可能である。沖縄の宮古島や久米島、さらには九州につながる八重山列島や西南諸島の小さな島々も、軍事飛行場として使うことができる。

私はかつてアメリカ海兵隊の若いパイロットに頼み、海兵隊の新しい攻撃機であるF－35Cに同乗させてもらい、ハワイの小さな島に着陸したことがあった。その小さな島は、ハワイ島の脇にある名もないような島で、普通の道路よりやや広い滑走路があるだけだった。上空からコックピットの外を覗いて、私に「あそこに着陸するよ」と事もなげに言ったパイロットは、あっという間に一〇〇〇メートルほど降下し、短い滑走路に見事、着陸を終えた。調べてみると滑走路の長さは三〇〇メートル弱、F－35はそのうち半分を使って、着陸を終えていた。

西太平洋や東シナ海にある、こういった島々を使えば、アメリカ空軍や海兵隊が組織的に中国本土攻撃を行うことは可能である。そのうえ、アメリカ軍はオスプレイといった、地上戦闘部隊を簡単に運ぶ特別な航空機も多数所有している。小さな島々を使えば、中国の本土を秘密攻撃することも決して難しくない。

この本のなかで述べた、沖縄本島や尖閣列島が中国に奪われるというようなことが起きた際にも、アメリカ軍の航空機は島が飛び立つように軽々と、沖縄の基地を飛び立って、周辺の島々に簡単に到達してしまうだろうと思われる。

いまや、アメリカにとって太平洋戦略の要《かなめ》となり、太平洋戦争以来アメリカ軍の力の象徴になってきた巨大軍事基地グアムの利用価値がなくなってしまった。この現実は、アメリカの極東戦略を大きく変えることになる。

たとえ中国が沖縄を占拠したとしても、太平洋に乗り出そうとすれば、海路の南側にはアメリカ軍の潜水艦隊と空軍基地のあるフィリピンのスービック海軍基地が控えている。北は八重山列島から九州へと、日本の基地が並んでいる。

西太平洋から東シナ海におけるアメリカの対中国戦略というのは、新鋭の潜水艦や核兵器、新しい航空機などを駆使する新しい兵器体系を使い、島々のネットワークによる中国攻撃態勢が中心になってくる。新しい地理的な状況が新たな対中国戦略を生み出そうとしている。

第四章
世界中が習近平の敵になった

尖閣諸島の地図◆外務省　尖閣諸島に関する資料『尖閣諸島について』より

第一部　バイデンは就任早々に中国攻撃を開始した

一月二十日、就任式が終わるやいなやバイデン大統領は、日本の横須賀を基地とするアメリカ第七艦隊の旗艦空母「セオドア・ルーズベルト」と、三隻の海上艦艇から成る空母攻撃部隊を南シナ海に進出させた。このバイデン大統領の決定と行動はアメリカ国民だけではなく、中国の習近平に衝撃を与えた。

バイデンは二〇二〇年の大統領選挙中、新型コロナウィルスの感染を恐れて、デラウエア州の自宅に引きこもり、ほとんど選挙運動を行わなかった。アメリカ共和党やトランプは、バイデンが性格的に弱く、中国から賄賂をもらっているので、中国と戦うことなどできないと批判し続けた。

そうしたバイデン大統領が就任後に初めて行った決定と行動が、アメリカ第七艦隊の攻撃用空母を南シナ海に出撃させ、中国に対する戦いの姿勢を明確にすることだった。このときバイデン大統領は空母攻撃部隊に対し、「国際法に違反して不法な行動を続ける中国を徹底的に叩いてしまえ」と、無線でアメリカ海軍の首脳に発破《はっぱ》をかけている。長いあいだアメリカの政治と第七艦隊を取材してきた私にもびっくりするような出来事であった。

バイデンは選挙戦のあいだ、ほとんど何の政策の発表も行わなかった。トランプ側から「戦うことができない」と馬鹿にされてきた。ところが就任式が終わるやいなや、アメリカの戦闘部隊を南シナ海に堂々と送り込んだのである。このことは、二つの意味から私にも驚きであった。

アメリカの大統領は、言うことと行うことが一致しなければ国民の支持を得ることはできない。バイデン大統領について言えば、就任早々に戦闘部隊を南シナ海に送り込むのであれば、選挙戦の期間を通じて国民に対して、当選したら行うべきこととしてそのことを主張するべきであった。

バイデン大統領は、そういったアメリカ政治の原則に背いて選挙戦中まったく何の発言もしないままホワイトハウスに入るやいなや戦闘部隊を南シナ海に送り込み、中国の習近平に対して戦いの刃《やいば》を突きつけたのであった。

私にとっては、単なる驚きというだけではなかった。アメリカの政治の常識に従えば、選挙戦のあいだ主張していたことを選挙民にどこまで信用させるか、つまり、選挙運動というのは国民の同意を得るための政治家の行動であるべきはずであった。ところがバイデン大統領はそういったアメリカ政治の常識をなんのてらいもなく、弁明もせずに破ってしまったのである。

バイデンの戦略について私は、会員になっているアメリカ海軍研究所から、発表と同時にその内容についての報告を受けることになった。バイデン政権がとろうとしていたアメリカ海軍の新しい戦略というのは、これまでも、戦略的な構想としては考えられていたもので、アメリカ海洋戦略の生みの親と言われてきたアルフレッド・セイヤー・マハン提督がアメリカ海軍創設の時代から主張してきたものである。

アメリカ海軍攻撃部隊を南シナ海に送り込んだときにバイデン大統領は、「中国海軍が不法な行動をした場合には中国の貨物船を遠慮会釈なく沈めてしまえ」と命令した。このバイデン大統領の指令は、中国にとって青天の霹靂《へきれき》だった。考えもしなかったことであった。

これまで中国は、アメリカの友好的な態度につけこみ、「世界のシーレーンの安全の確保をアメリカの力で維持し、中国の貨物船やタンカーをアメリカの空母攻撃部隊に守ってほしい」などと申し入れている。私の懇意にしているアメリカ第七艦隊の提督が私にこう言ったことがある。

「驚いたことに、ハワイにやってきた中国海軍の首脳が、日本の船舶を守っているように、第七艦隊に中国の貨物船や船舶も守ってほしいなどと言っているよ」

提督はこのとき、半分笑ってはいたが、「正気の沙汰ではないな」という表情を浮かべていた。

アメリカの機動艦隊に中国の貨物船の安全を守ってほしいという中国の不遜な態度は、そのまま今度のバイデンの厳しい決定に対して中国が発した「新冷戦」という言葉に表れている。

冷戦、つまりソビエトとアメリカの軍事対決は、双方が地球を破壊する強大な核戦力を持っているために、実際の戦争はしない、できない、ということから、「熱い戦争」ではなく「冷たい戦争」と呼ばれてきた。いま中国が置かれている立場は、ソビエトとはまったく違う。

アメリカの強大な核戦力を前にして、中国にはアメリカと対等に戦う力はない。このことをアメリカは、中国にはっきりと申し渡してこなかった。しかし世界の公海上で中国海軍がアメリカの艦艇に対して軍事行動をとった場合、報復として中国貨物船を攻撃するというのは、一歩進めた戦い、まったく新しい戦略である。

いまどきの貨物船には、ほんの少数の乗組員しか乗っていない。攻撃されて沈没したとしても、わずかの死傷者を出すだけである。だが貨物船を攻撃されれば、中国の経済活動は大きな打撃を受ける。

アメリカ海軍戦略の創始者と言われるマハン提督が指摘したように、海上にある敵の貨物船を沈めることは、敵の国内の工業施設を破壊するのと同じ効果を持つ。南シナ海や台湾海峡で中国海軍が犯した不法行為の代償として中国の貨物船が攻撃され沈没することは、工業製品を世界に供給する中国のサプライチェーンの先端部分が破壊されることである。実質的に、中国国内の製造部門に対する攻撃と同じになる。

中国側の不法な軍事行動に対する報復、公海上での中国貨物船への攻撃というバイデン大統領の指令は習近平にとって、これまで経験したことのない大きな打撃になる。習近平自身も、こうした攻撃が中国国内の生産施設に対する攻撃と同じように中国経済を大きく混乱させ、壊滅させてしまうことに遅かれ早かれ気がつくはずである。

アメリカの中国に対する姿勢は、新しい冷戦などといった生易しいものではない。習近平は公海上でアメリカに対して不法な行動をとった場合には、中国本土の工業地帯攻撃と同じ被害をもたらす厳しい報復を受けることになる。こうしたバイデンの中国に対する厳しい姿勢は、このあと詳しく述べるつもりであるが、ＥＵ諸国の厳しい対中国政策に引きずられたものである。

ＥＵはこれまで中国とのあいだで「ＣＡＩ」と呼ばれる包括的工業協定の話し合いを進めてきた。当時ＥＵ側は、中国がウイグルやチベットの人々を強制収容所に押し込んで働かせ、安い輸出製品をヨーロッパに売っていることは、非人道的な行為であると非難し、少数民族に対する強制労働をやめるよう求めてきた。

これに対して中国側は、概念的には賛成したものの、実際に強制労働の禁止を約束することを拒み続けている。このため二〇二〇年十二月末、ヨーロッパ側は協定の話し合いを破棄してしまった。こうしたＥＵ側の強い姿勢の背後には、ドイツやフランスの労働組合による、中国製品への強い反発がある。

中国側は今後、ウイグルやチベットの少数民族に対する弾圧や強制労働をやめない限り、ヨーロッパに対する輸出が著しく難しくなる。中国の非人道的な労働に基づく中国サプライチェーンをそのまま受け入れるわけにはいかないという、ヨーロッパの人々の強い人道的な意思は、ルネッサンスから始まったヨーロッパの人道主義がもたらしたものと言える。こうしたヨーロッパの動きがバイデンに強い影響を与えたのである。

カソリック教徒であるジョー・バイデン大統領は、これまでの中国との関係や、トランプ大統領の姿勢とは関わりなく、ヨーロッパと協力して中国の非人道的な政策と断固戦わざるをえない立場に立たされてしまった。

こうしたバイデンの考えを象徴しているのが、新しくバイデン政権の国務長官になったアントニー・ブリンケンである。

「トランプ大統領の中国に対する強硬姿勢は、基本的には間違っていない」

ブリンケン国務長官はこう述べたが、その後、上院で承認されたジャネット・イエレン財務長官も「中国はアメリカの戦略的な競争相手である」と認定した。

バイデン大統領が就任早々に南シナ海にアメリカ第七艦隊の空母攻撃部隊を送り込んだ事実は、バイデン政権がこれまでのいきさつをすべて捨て、トランプ前政権の政策を推し進めるということをはっきりと示している。

日本ではバイデン大統領が基本的に中国寄りの政治的な立場をとってきたため、トランプ大統領がいなくなったあと、米中関係がより融和的なものに変わるという期待が強かった。しかし、その期待は真っ向から否定された。

第二部　習近平はバイデンを買収できなかった

中国の習近平は二十世紀後半から二十一世紀にかけて登場した世界の指導者のなかで、もっとも悪辣《あくらつ》で不法な独裁者である。「人類の敵である」と主張するアメリカ保守系の学者や評論家も多い。

しかし長らく習近平をめぐる世界の情勢を見ると、ふんだんな中国の資金に買収された人々によって実際の情報が伝わるのが阻止され、「強力な指導者である」というイメージがつくられている。

習近平が非人道的な独裁者であることは、多くの事実から明らかになっている。基本的には、人類史上最悪の独裁者の一人と多くの人が考えている。習近平は間違いなく、ヒトラーやスターリンを上回る「人類の敵」である。

こうしたきわめてネガティブな習近平のイメージが広く伝わらないのは、アメリカや日本のマスコミが中国資本の影響のもとで習近平の行動や実像を明らかにしてこなかったからである。

アメリカと日本のマスコミは習近平が一糸乱れぬ共産党独裁体制を推し進め、スターリンやヒトラーを上回る非人道的な弾圧政治を行っていることに口をつぐんでしまっている。


政治家の評価というものは、きわめて難しい。アメリカのルーズベルト大統領は、第二次大戦の勝利にもっとも大きな功績を示したと評価されているが、日本非難のマスコミの大合唱を政治的にオーケストラし、日系アメリカ人の財産を没収し、強制収容所に押し込めるという、ヒトラー、スターリン並みの非人道的な政治を行ったことをアメリカのジャーナリストたちはほとんど非難していない。

トルーマンについて言えば、ルーズベルト大統領が急逝《きゅうせい》したあと、政治的に弱い立場を守るために、日本に二発の原爆を落として数十万の民間人を殺戮《さつりく》した。これは歴史的に見れば犯罪行為以外の何ものでもない。

そういった歴史的な事実を見れば、中国の習近平だけが犯罪的な独裁者であり、指導者であると断じることは簡単に意見の一致を見る問題ではないかもしれない。

それらの問題をひとまず脇に措《お》いたとしても、習近平がアメリカの新しい大統領ジョー・バイデンに対して行った買収戦略は、現在の世界、そして将来の世界を考えるうえで、見過ごすことのできない重大な問題である。

ワシントンのあらゆる情報から分析すると、習近平はジョー・バイデンの買収に成功し、アメリカを政治的に簡単に動かせると考えていたと思われる。習近平は、バイデンを大統領に選んだアメリカの人々に対する巧妙な買収工作がうまくいったと確信していた。

習近平が行ったジョー・バイデン買収という政治工作は、単純なものではない。金銭的な買収を含めて、ありとあらゆる汚い手段を使った。習近平がバイデンの息子のハンター・バイデンとその企業に、一五〇〇万ドルという巨額な資金を与えて運用させたことが明るみに出てしまったが、その動きの背後で、ブリンケン国務長官をはじめバイデン政権の閣僚になった人々は中国政府と密接な関わりを持ち、アメリカの政治を汚染し、ねじ曲げてしまった。

習近平側のバイデン買収は、ハンター・バイデンに対する莫大な金銭の供与だけではない。習近平はアメリカの情報関係者、公安当局ともつながりを持ち、トランプ大統領に対する妨害作戦を展開した。

習近平はアメリカのマスコミに「アメリカの敵であるロシアとトランプが共謀して大統

領選挙に介入し、アメリカの人々の正当な判断を妨害した」という一大キャンペーンを執拗に続けさせたのであった。

このキャンペーンにはアメリカの諜報機関CIAや、公安当局FBIも関わった。妨害工作の周辺では様々な政治工作が行われた。中国からの莫大な資金がシリコンバレーやマスコミに流れ込んでいたことは間違いない。

アメリカのマスコミを介して「中国は正当なアメリカの協力国家でアメリカとの国際社会における競争は正当なものである」という宣伝も盛んに行われた。評論家たちは「アメリカとの経済的な対立は長距離マラソンと同じで、これからもずっと続く」という中国寄りの意見を表明し、「アメリカと中国の競争は正当だ」という見方を流布したのであった。

バイデン大統領候補に対する中国側の買収戦略は、きわめてうまく進んだ。様々な企みが功を奏してバイデンは、わずかな差ではあったがトランプに勝つことに成功した。習近平は、バイデン大統領が実現すれば、アメリカとの友好関係が急速に深まると期待していた。

ところが、習近平のそういった期待は脆《もろ》くも崩れ去った。「中国は不正な政治工作を続け、アメリカに対して挑戦的な姿勢をとっている」という保守勢力からの意見が依然として強かったからであった。

アメリカ保守勢力の働きかけによって、習近平の不正な買収工作の実態が少しずつではあるが明らかになるとともに、中国の行動はアメリカの人々の神経を逆《さか》なですることになった。保守派からの「トランプとロシアとの関係に対する非難は、きわめて政治的なものである」という反撃が強くなるにつれて、バイデンや民主党は追い詰められていった。

そうした状況のなかで習近平にとって致命的な出来事が起きた。ヨーロッパ諸国を中心に、「中国政府による、ウイグルやチベットの少数民族に対する弾圧は人道上許せない」という厳しい批判が巻き起こったことである。アメリカ議会はウイグル人法を成立させ、習近平と中国政府を非人道的グループとして非難した。中国寄りの姿勢をとってきたジョー・バイデンにとっては著《いちじる》しい痛手となった。

私も長いあいだ上院時代からバイデンの性格や行動を見てきたが、アメリカの政治家としてもっとも大事な、基本的な行動規範、政治姿勢というものがまったく見当たらない、労働組合御用のきわめて便宜的な政治家であった。

就任式の演説や、その後の記者会見からも明らかなように、バイデンには、自らの政治姿勢を表明し、アメリカを動かしていこうという意欲はまったく見られなかった。それゆえに中国の習近平に買収されただけでなく、国内でも労働組合やビジネスグループから献金を無定見に受け取り、個人的な利益を貪《むさぼ》ってきた。

バイデンが中国の非人道的な行動に対する議会からの反発の高まりのなかで、その立場を失うのは当然だった。バイデンが中国寄りの姿勢を明らかにし、行動として示すことになれば、「中国に買収された証拠である」と非難されるのは目に見えていた。バイデンはきわめて危険な立場に立たされてしまった。

こうなってくると、オポチュニストで定見がないと言われてきたバイデン大統領が右顧《うこ》左眄《さべん》することなく、簡単に習近平批判の立場を取ることにしたのは当然の成り行きだった。バイデンを買収し大統領にすれば、先端技術の盗用、不正貿易などについての追及をかわせると安心してきた習近平は、簡単に裏切られてしまった。習近平は大恥をかくことになった。

アメリカだけでなく世界の人々は、バイデンが中国と親しく、習近平に買収されていることはとうの昔に気づいていた。しかし買収されたジョー・バイデンは、いとも簡単に習近平との関係を断ち切ってしまった。習近平の買収工作は世界注視のなかで大失敗に終わってしまった。

習近平の世界における立場はまったくなくなってしまったと言ってもよいであろう。バイデンを買収できなかったことは、世界における習近平の立場を一挙に悪くしてしまった。政治家がいったん失敗すれば、世界中から袋叩きに遭うのは当然のことである。習近平は中国でよく言われる「水に落ちた犬のように」世界の人々から叩かれる羽目に陥った。

第三部　ヨーロッパ人道主義はウイグル抹殺を許さない

習近平は永代主席という中国皇帝にも等しい座を確立してからわずか三年、その座を失おうとしている。その最大の原因は、習近平の少数民族ウイグルの人々に対する行為がジェノサイド、民族絶滅にあたるとして、ヨーロッパの人々が厳しく非難し始めたからである。

習近平をはじめ中国政府の指導者たち、あるいは各国のジャーナリストたちもいまだに正確に理解していないが、ジェノサイドは、ヨーロッパにおいては考えられないほどの悪行、残虐行為であると考えられている。

「ジェノサイド」は、ナチの迫害を逃れたポーランド人法律家、ラファエル・レムキンの造語である。ユダヤ民族の絶滅を図ったナチの行動、つまり一定の国民的集団の絶滅を目的とし、その集団の生活基盤を破壊する行動を表すためにつくられた言葉で、一九四五年にナチを裁いたニュルンベルグ裁判で初めて使われた。

私はジャーナリストとしてのほとんどの時をワシントンで過ごしたが、冷戦のあいだはアメリカ軍がヨーロッパでNATO軍と共同で行った秋の大演習を毎年のように取材した。大演習は二、三カ月にわたって続くこともあり、私はその間《かん》ヨーロッパに滞在し、アメリカとは異なる文化に接した。

冷戦が終わって数年後、ワシントンで親しくしていた友人の外交官がポーランド大使に任命された。テレビ番組の取材でヨーロッパを訪れた際に、首都ワルシャワに立ち寄り、彼の世話になった。そのとき、ドイツのヒットラー政権がポーランド国内につくったユダヤ人絶滅収容所マイダネクに案内された。ユダヤ人を男女子供の差別なく詰め込んで殺戮したガス室のおぞましさもさることながら、殺された人々の靴が山のように積まれていた光景は、いまでも忘れられない。

ヨーロッパにはナチスが残した残虐行為のあとが数多く、残されている。ユダヤ人ジェノサイドはヨーロッパの歴史のタブーであり、二度とくり返さないことがヨーロッパの人々をつなぐ強い大きな意図になっていることが、私にすら見てとれた。

そうしたヨーロッパ歴史のタブーを破ったのが、習近平のウイグル民族ジェノサイドである。習近平にすれば、少数民族やその文化に対する弾圧は、中国国内ではすでに長年、行われてきたことである。中国政府はチベットの人々に対して、呵責《かしゃく》なき弾圧を数十年にわたって続けてきている。

チベットに対する弾圧はその規模が大きく、チベットの人々の宗教や文化に対する非道な行動は桁違いに手ひどいものであったが、なぜかアメリカの人々の心には響かなかった。チベットに対する弾圧、ジェノサイドを実行した毛沢東をはじめとする指導者たちが巧妙に立ち回ったこともあるが、ニクソン、キッシンジャーによる、中国を国際社会に引き入れるという動きのなかで、政治的にうやむやにされてしまったのである。

ところがウイグルの場合は、事情が大きく異なった。中国の不法なダンピング輸出が世界的な問題になり、アメリカの先端技術を盗み取るという、経済的な犯罪行為と結びつけて受け取られるようになった。

中国の経済活動はそれまで、アメリカやヨーロッパ、さらには世界の経済活動を支えるサプライチェーンとして持てはやされてきた。「中国の支えがなければ、世界経済は立ち行かない」という中国側の宣伝が巧妙にくり広げられた。

この「ヨーロッパの生活になくてはならない」という中国のサプライチェーン構想が、まずドイツの労働組合の立場と衝突した。とくに新型コロナウィルスの蔓延が拡大して騒ぎが大きくなるとともに、中国製品の氾濫《はんらん》で痛手を受けていたドイツ労働組合から、中国を非難する声が高まった。その結果、それまで中国寄りの姿勢をとってきたドイツのメルケル首相も立場を変え、中国を攻撃せざるをえなくなった。

「中国経済の力、サプライチェーンは、強制収容所に押し込まれたウイグル人の労働をもとにしている」

このドイツ労働組合の主張は、ヒットラーによるユダヤ人ジェノサイドの記憶と重なり、習近平によるウイグル人ジェノサイドとしてドイツだけでなく、ヨーロッパ各国、カナダ、オーストラリア、アメリカに広がり、すでに述べたように、ジョー・バイデンを反中国政策に踏み切らせることになった。

習近平にとって、この動きはジョー・バイデンの裏切り以上の政治的な痛手、政治的な不意打ちだった。すでに触れたように長年にわたって中国は、同じような政策を異民族に対してとり続けているからだ。

中国はチベットを軍事占領し、国際機関の調査によれば反抗する数十万人のチベット人を処刑したり獄死させたりした。チベットの実質的な指導者であるダライ・ラマは国外亡命を余儀なくされ、事実上チベット王国は抹殺されてしまった。

中国の地図を見ても明らかであるが、チベットの首都とされるラサは山岳地帯の奥地にあるものの、中国中央部の広大な草原地帯は中華人民共和国のものではなく、チベットのものであった。

中国はチベットを占領しただけでなく、鉄道を敷設《ふせつ》して漢民族の若者を送り込み、チベット民族の抹殺を図った。こうしたチベット王国と民族に対する弾圧や抹殺計画がヨーロッパをはじめ世界の人々の目の届かないところで続けられてきたのである。

この歴史的な大虐殺は、実際にどの程度のものであったのか、証明されないままでいるが、中国は南京で起きた日本陸軍部隊の攻撃については、証拠もないまま「民族虐殺の行為」として糾弾し世界中に宣伝している。

こうした客観的な情勢のなかで突然のごとくウイグル問題に火がつき、ユダヤ人ジェノサイドと同じようなジェノサイドのレッテルを貼られるとは、習近平は予想もしていなかったに違いない。しかしながら、ウイグル民族に対する中国政府の弾圧はユダヤ人ジェノサイドと酷似している。ウイグルの人々はイスラム教徒で、中国と宗教的に対立している。これは、キリスト教と対立するユダヤ教徒と共通している。

ヨーロッパをはじめ世界の人々がウイグル民族弾圧をジェノサイドであると騒ぎはじめたことは、習近平の命とりになると思われる。

チベット問題についてヨーロッパやアメリカの人々は、中国を世界に引き込み資本主義体制を拡大するためのある種の犠牲であるという妥協的な受け取り方をしてきた。

こうした考え方が急速に変わったのは、習近平が強硬に進めている共産主義体制がアメリカをはじめヨーロッパの民主主義体制と鋭く対決するようになってきているため、このまま存続を許せば西側文明の命運にも関わる懸念が強くなったからである。

この点について言えば、習近平は世界を見誤った。その出発点はジョー・バイデン買収の失敗であったが、ユダヤ人ジェノサイドに酷似したウイグル人ジェノサイドという犯罪的な行動を、世界の人々は、チベット弾圧のようには見過ごさなかった。「中国を資本主義体制に組み入れることが歴史にとって必要だ」という見方が急転直下、変わってしまったのである。

この状況変化は世界の人々が、「習近平の富国強兵策とも言える国づくりをこのまま許していれば、中国が世界の将来を動かす存在になる」と恐れ始めたからである。この大きな歴史の流れは、西欧文明の担い手であるヨーロッパとアメリカの考え方が一致したことから動きはじめた。

このあとさらに触れるつもりであるが、イギリスをはじめ、かつてイギリスを宗主国としていたカナダ、オーストラリアなども中国と対決する姿勢を強めている。その延長線上として、いま注目されているのは日本とアジアの国々がヨーロッパやアメリカと並んで中国のジェノサイド政策にどこまで反対の動きを見せるのか、という問題である。

日本やアジアの国々は経済的な理由から、中国と対立する立場を明確にしたくないと考えているようである。しかしながら、そういった経済の損得だけで中国との関係を決める時代はすでに終わってしまった。いまや習近平の中国は世界の敵、ジェノサイドを行っている大犯罪者ということになりつつある。

世界の趨勢《すうせい》から見ると、オーストラリアやニュージーランドなど、かつてイギリス帝国の一部であった国々や、中国との結びつきが強かったカナダ、さらには習近平の「一帯一路」構想をめぐって中国と親密になり始めていた中央アジアからイスラム圏の国々が、すでに中国に対して批判的な立場を明確にしつつある。いまや習近平は世界の敵になった。

さらに詳しくこの状況について述べてみたい。

第四部　イギリスは習近平の香港収奪を忘れない

イギリス政府は習近平が、香港についての国際的な取り決めを簡単に破ってしまったことに心底ハラを立てている。

一九九七年七月一日、イギリスが香港を中国に返還した。私はテレビ番組「日高義樹のワシントン・レポート」で、返還を間近にした香港の状況を取材して伝えた。当時はまだ日本のマスコミは香港の返還についてはっきりした認識を持っておらず、イギリスやアメリカがどう考えているかについて突っ込んだ報道はされていなかった。

私は一九九五年に「日高義樹のワシントン・レポート」の制作を始めて以来、「アメリカだけでなく、ヨーロッパの考えていることが日本の将来に影響する。アメリカの問題はヨーロッパの問題である」という、基本的な考え方のもとに、ヨーロッパの人々の考えていることを極力伝えてきた。このため、ドイツのシュミット元首相をはじめ多くのドイツの政治家や財界人にインタビューし、フランス議会の動きなども伝えてきた。

イギリスが「ハンド・オーバー」と呼んでいた香港返還は、国際的な大事件だった。イギリスは香港返還をハンド・オーバー、つまり香港を中国に手渡すという、穏やかで優しい表現を使っていた。これはイギリスがアヘン戦争をはじめ中国に対して数々の過酷な行動をとり、一方的に領土を割譲させたことについての反省から生じていた。

当時、私は香港やシンガポールのイギリス系のジャーナリストたちにインタビューして、イギリスの本音を探る努力をした。そうしたなかで次第にはっきりしたのは、イギリスはただ単に香港を返還するのではなく、香港を中国に手渡すという行動によって、アジア全体に新しい政治情勢をつくろうとしていることだった。イギリスは、中国を国際社会に引き込むというキッシンジャー戦略を全面的に支援するつもりが強かったのである。

しかしながらドイツの指導者であるシュミット元首相は、「アメリカとイギリスの考え方は短絡的、目の前のことだけしか考えていない。きわめて近視眼的だ」と、歯に衣着せぬ言い方で批判した。

香港の英字新聞『サウスチャイナ・モーニング・ポスト』の主筆や、台湾の李登輝元総統も、中国が「返還後の五十年間、香港にヨーロッパ的な民主主義を保障する」というのはその場凌ぎの嘘だと断言していた。結果的に見れば、その懸念は現実になってしまった。

中国が約束を破ることは、シュミット元首相にすれば当然考えてしかるべきことだった。アングロサクソンのその場凌ぎの政策は、香港に大きな悲劇をもたらす結果になった。中国の約束不履行は、香港に生まれ育ち、ヨーロッパ的な民主主義を享受してきた香港の人々に決定的な損害を与えることになった。

香港の人々は中国人ではない。ほとんどが中国系であるのは事実だが、香港で生まれ、香港で育ち、ヨーロッパ的な民主主義のもとで暮らしてきている。そういった人々の生活の基本である議会制民主主義を中国は簡単に踏みにじってしまった。香港は中国と陸続きで、中国軍が侵入して占領することはきわめて簡単なのである。

ドイツのシュミット元首相はアングロサクソンのその場主義とも言うべき場当たり政治が悲劇を生んだと批判しているが、法律を基本とするアングロサクソンのイギリス人は、中国にハンドオーバー、手渡した香港が、中国政府との約束に基づいて五十年は民主主義の体制を維持するものと考えてきた。

しかしながら返還当時ですら、現地の資本家や金持ちの多くは中国共産党を信用せず、まるで鳥が飛び立つように香港を見捨てて、外国へ移住してしまった。そうした状況を見て私は、香港は火が消えたようになってしまうだろうと予想した。返還後の香港からは、金融機関だけでなく有名レストランも次々に離れていった。香港の人々は、もともと中国をまったく信用していなかったのである。

中国は、「五十年は民主主義を維持する」という国際的な取り決めを破り、香港に住んでいる人々の人権や生活を踏みにじってしまった。この状況に対してイギリス政府は香港のパスポート、旅券を持っている人々に、そのままイギリスの旅券を与え、イギリスだけでなく世界中で、イギリス人として生活ができることを保障するという決定を行った。

この決定はあまりにも淡々と行われたため、世界の注目を浴びなかったが、イギリスという、世界の政治と仕組みに対し、強い影響を持つ国の明確な中国批判であった。このイギリスの中国批判を明確に、しかも端的に表明したのは、いわゆるイギリス連邦のアジアにおける強国であるオーストラリア、そして経済的に豊かなニュージーランドであった。

この二つの国は、中国の香港に対する一方的な裏切り行為と、ウイグル民族に対するジェノサイドを真っ向から批判し攻撃した。この動きは二〇二〇年、オーストラリア議会の若い議員が中国の反人道的な行為を批判し、経済封鎖を行うべきであると提案し、議会が決議したことで始まった。

オーストラリアの外務大臣、さらには首相もこの決議を強く支持し、オーストラリアの同盟国であるニュージーランドもこの動きに同調した。オーストラリア、ニュージーランドというアジアにおけるイギリス連邦の主要な国の中国批判は、やがて世界的な動きになっていった。

オーストラリアは中国に大量の石炭と鉄鋼を輸出している。しかしながら、そうした経済的な利益を犠牲にして、人道主義に基づく行動をとったのである。このオーストラリアの姿勢は、ニュージーランドにも当てはまる。ニュージーランドもやはり大量の木材やワイン、牛肉を中国に輸出しているが、人権問題を理由に経済的な利益を放棄してしまった。「ジョン・ブル」と呼ばれ、かつてはヒトラーとも戦った大英帝国のものの考え方をはっきりと示したのであった。オーストラリアとニュージーランドにとって、自己犠牲を厭わず、香港についてイギリスとの約束を平然と破った中国の非人道的政策を批判することは、当然の抗議行動なのである。

私はテレビ番組取材のためにオーストラリアを訪問し、オーストラリア空軍や国防大学の首脳たちをインタビューした。その時に気がついたのは、オーストラリアやニュージーランドが、アジアから遠く離れているものの、アジアからの不法移民の侵略を常に恐れていることだった。

そういったむしろ受動的なオーストラリアとニュージーランドが、経済的な利益を犠牲にしてまで中国の反人道的な行動や、国際的な約束不履行という不法行為に反対したのは、イギリス連邦の国々が抱いている断固とした世界観に基づいているように私には思われた。

こういったイギリス連邦の考え方は、「戦わない大国」と言われるカナダをも動かしている。カナダ政府は不法な先端技術を盗み取っている中国企業ファーウェイの経営者をカナダの法律に違反したとして拘留したが、アメリカ側の要求を受け入れ、アメリカの司法当局に手渡すことに決めている。

中国はこのカナダの決定にハラを立て、中国に滞在しているカナダのジャーナリストを不法逮捕し、犯罪人として抑留した。カナダ政府はこうした中国の不法な行動と断固として対決する姿勢を明らかにしている。

イギリス連邦、イギリス系の国々の反中国の動きは、現在の国際社会における重要な行動の指針になりつつある。香港を不法に奪い取った形で国際的な約束を踏みにじった中国は、予想もしなかったような大きな報復をイギリス連邦から受けているのである。

中国の独裁者・習近平は世界の国々から締め出され、孤立してしまっている。

第五部　コロナの元凶・中国への世界の恨みは消えない

これから先、新型コロナウィルスのパンデミックについて世界の人々は、中国が世界中にウィルスをばら撒いて世界を不幸にしたという恨みを持ち続けるに違いない。基本的に中国寄りのアメリカの学者やジャーナリストは、この中国の犯罪的な行為を非難していないが、世界の多くの人々は中国に対して深い恨みと怒りを持ち続けている。

この本を書いている二〇二一年五月、中国で発生した新型コロナウィルスのパンデミックが始まってからほぼ一年半経っている。この一年半のあいだ、世界は何度も中国に対して、この新型コロナウィルスがどのような状況で発生し、蔓延したのか説明を求めているが、明確な回答はまったく得られていない。

そうした中国の態度の典型は、二〇二一年の初め、国連の保健機関WHOが中国に対して行った新型コロナウィルスについての調査に対するものだった。あらゆる情報を総合しても、中国政府はＷＨＯの調査団に対して基本的な協力を行っていない。

ＷＨＯの調査のもっとも重要な部分は、コロナウィルスが発生したと疑われている中国武漢の人民解放軍研究所について情報を収集することだったが、何の結果も得られていない。世界の衛生を全般的に管理するはずのＷＨＯに対して中国が賄賂を贈るなどして、事実の究明を阻害してきたことはほぼ間違いがない。再度にわたるＷＨＯの現地調査についても全面的な協力を拒んできた。こうした中国の姿勢について、もともと中国に買収されているアメリカのマスコミや、その影響を受けている日本のマスコミは、十分な調査を求める気概に欠けている。

中国から出てくる情報と言えば、武漢の食料品市場から発生したウィルスが武漢の人々に感染し、それがそのまま世界に広がったというものである。武漢の市場では世界の人々が普通は食べない動物、いわゆるゲテモノを売っている。その動物がコウモリからコロナウイルスを感染させられ、その動物を扱ったか食べたかした人間が感染し、それが蔓延していったというのが中国政府の説明である。

しかしながら、私の知り合いで、アメリカのハーバード大学やコーネル大学と関係のある遺伝学の専門家は次のように述べている。

「コウモリをはじめとする動物から人間に感染したコロナウィルスが、あれほどまでの強い感染力を持ち、瞬く間に全世界を感染させるというようなことは考えられない」

彼女によれば、いま世界中に蔓延している新型コロナウィルスは、研究所のプロセスのなかで育成され、強力な感染力を持ったウィルスであるとしか考えられない。中国政府が説明しているように、動物から発生し人間にうつったウィルスだとすれば、感染はあまりにも急速に拡大した。専門家のあいだでは、武漢の研究所が取り扱いを誤り、外部に漏れた強い感染力を持つ新型コロナウィルスが、短時間のうちに蔓延したと考えられている。しかしながら事実を調べようにも、中国政府は世界の調査官とも言うべきＷＨＯの関係者の立ち入りを拒み、資料を渡そうとしない。このことが情報化の時代、中国政府の首脳が気づかないあいだに世界中に知れ渡り、「中国がパンデミックの元凶である」という強い恨みと反感を人々に植えつけてしまった。

武漢から発生後、一年半経った現在、新型コロナウィルスは第四波の拡大が、ヨーロッパを襲っている。私の知り合いの病理遺伝学の専門家はこう言っている。

「いまや世界のパンデミックの中心はヨーロッパになっている。新しいコロナウィルスの感染者の実に八割近くがヨーロッパの人々である」

とくに問題なのは、ヨーロッパを襲っているコロナウィルスが「ミュータント」と呼ばれる変異体で、これまでわずかながら進んできた治療法が適応できなくなっていることである。コロナウィルスの変異体が猛烈に蔓延しているのは、イギリス、ドイツ、イタリア、フランス、スペイン、ポルトガルなどで、その周辺のトルコ、さらに南アフリカといった国々でも蔓延が拡大している。

第四波の襲来の前には、新型コロナウィルス災害で打撃を受けた先進国の経済が急ピッチで回復しつつあった。ところがミュータントが発生し、またもや急速に蔓延が拡大した。

そのミュータントのもととなった新型コロナウイルスが、中国からもたらされたものであることは明確であるにもかかわらず、中国は調査を拒んでいる。中国が世界中の恨みを買うことになったのは当然である。

もともと今度の新型コロナウィルスを世界に拡大したのは中国である。「武漢で発生したとき、中国政府が適切な対応策をとらなかったためにウィルスは国外に流れ出してしまった」と考えているアメリカやヨーロッパの専門家は少なくない。私のよく知っているハーバード大学の学者は、こう言っている。

「中国政府は新型コロナウィルスの感染が急速に拡大しているのを知りながら、感染者が、ヨーロッパをはじめ世界各地に移動するのを黙認し、無防備な人々に感染させた。パンデミックを引き起こしたのが中国であることははっきりしている。このことは医学的にも、社会的にも、歴史的にも許されない事実である」

いまにして思えば、一昨年秋から冬にかけて武漢でインフルエンザに似た症状の患者が急速に増えていた。これに気がついた中国の民間の医師が警告を発したが、中国政府はこの医者を、社会を不安に陥れる犯罪者として捕らえ、投獄してしまった。この医師は釈放後、新型コロナウィルスに感染し、死亡した。中国政府が医師の警告を無視したのは、ウィルスが軍の研究所から流失したことに気がついていたからだという疑いは今も消えていない。

この問題についても、中国政府はまったく弁解の余地がない。コロナウィルス発生の地である武漢が完全にロックアウトされたときは、すでに発生から数カ月が経過していた。しかも中国政府は、新型コロナウィルスが世界的な大流行、パンデミックを引き起こすことを懸念したＷＨＯに干渉し、警告を出させなかった。その間《かん》、なんら予防的な措置をとることをしていなかった国々で、感染が急速に拡大していった。その後、世界中の批判を浴びたＷＨＯが現地調査を行おうとしたが、習近平はあらゆる手段を使ってこの動きを妨害した。こういった一連の動きから見ても、新型コロナウィルスのパンデミックは、中国政府がつくりあげたと見て間違いがない。ハーバード大学の学者たちは、こう結論づけている。

「中国政府はあらゆる国際法に違反し、道義的、倫理的にも許されない犯罪的な行動をとった。百年前のスペイン風邪のパンデミックと異なり、今回のパンデミックは、中国政府にその責任のすべてがある」

この新型コロナウィルスのパンデミックは、今後どうなるのか。私の信頼しているウィルス専門家は次のようなレポートを私に送ってくれた。

「経済的な対応策はとられはじめたが、二〇二一年に入ってからも、感染は依然として拡大している。EU諸国、ブラジル、インド、イラン、トルコなど人口が密集している地域で、感染者が急速に増えていくだろう。とくに懸念されるのは、ミュータントが出現したことだ。ミュータントは、従来の新型コロナウイルスよりも数倍の感染力を持つので、感染はさらに急速に拡大する」

この専門家の警告どおり、二〇二一年四月以降、第四波となるコロナウィルス感染者の増大が起きている。これまでのデータを見ると、二〇二〇年四月、そして二〇二〇年八月、その後二〇二〇年十一月の三回にわたって感染者の数が爆発的に増加した。

第三波、二〇二〇年の蔓延では、世界中であっという間に一日の感染者が一〇〇万人近くになってしまった。第四波の感染が酷《ひど》くなっている二〇二一年四月以降は一日七〇万人程度にはなったものの、感染者の数が急速に減る見通しはない。

第四波の後も感染の拡大が懸念される最大の理由は、第四波の患者の増大が、世界的に大規模なワクチンの接種が開始されたあと起きていることである。今後は、新型コロナウィルスの変異体、ミュータントに感染する人が急速に増え、第五波、第六波の感染者増大につながってくると思われるが、その度に世界の人々の中国に対する怒りと反感は強くなるはずである。

世界中に拡大した新型コロナウィルス災害は、簡単には終わらないと予想されるが、予想ではなくはっきりしているのは、世界の人々の中国に対する怒りと反感がますますひどくなることだ。中国は自らの過ち、新型コロナウィルスの流失を秘密にし、結果的には世界にばら撒いてしまったが、その過ちに対する当然の報いとして、世界の人々の永久的な恨みを受け続けることになる。中国の国際的な立場が急速に悪化し、危機的な状況に追い込まれることは避けられない。

第五章

アメリカという国は
どこまで信用できるか

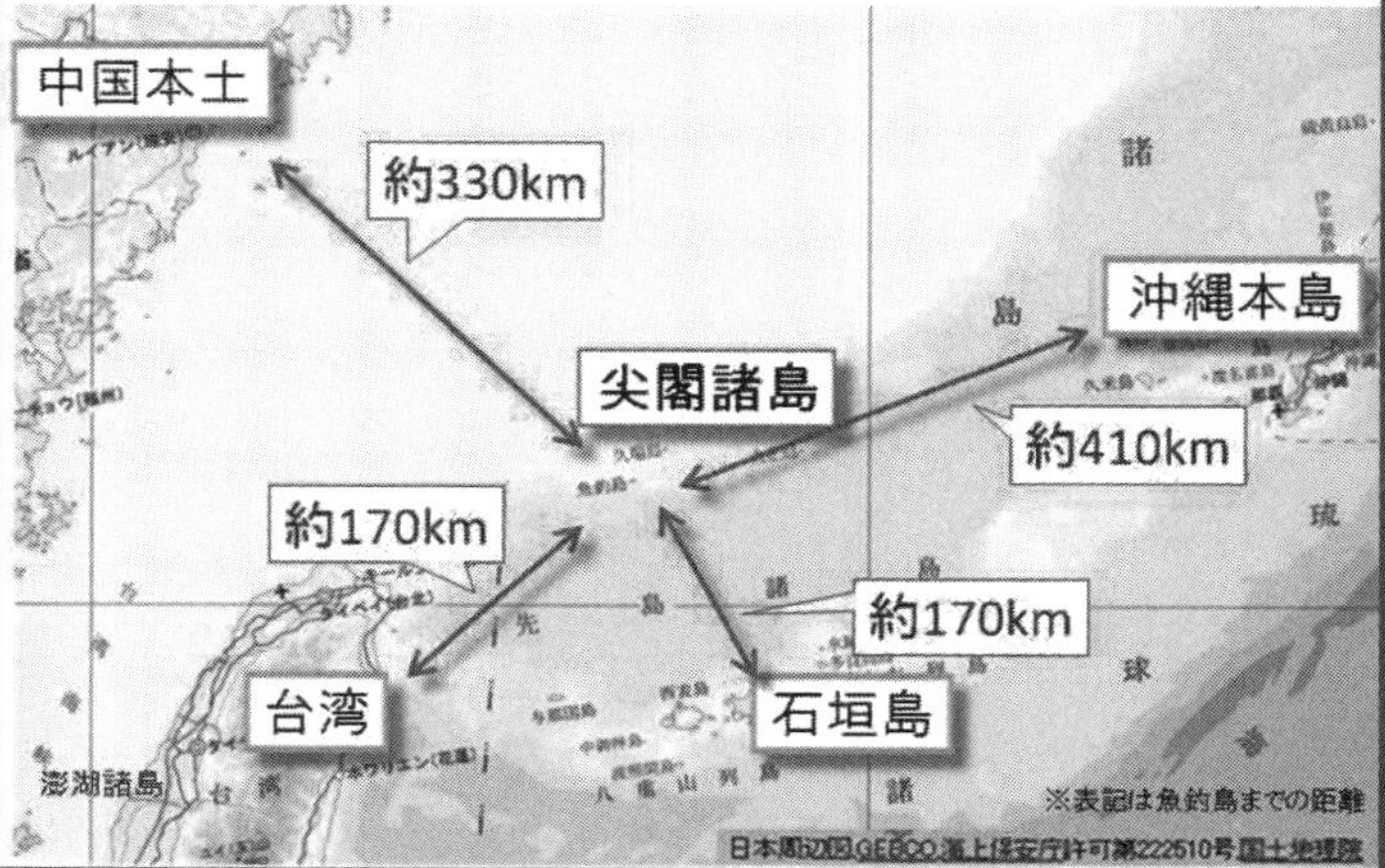

尖閣諸島の地図◆外務省　尖閣諸島に関する資料『尖閣諸島について』より

第一部　アメリカはともかくコロナには勝った

新型コロナウィルスが依然として猛威をふるい、世界中の人々を脅かしているなかで、驚くべきことにアメリカはコロナ以降とも言うべき経済体制を確立し、新しい世界に向かって動き出している。

このアメリカの新しい経済体制は日本でいうテレワークを主体とするもので、これまでも進められてきたインターネットに基づく新しい経済活動がさらに発展してアメリカを動かしはじめている。

こうしたアメリカの新しい動きから見る限り、新型コロナウィルスが世界中を脅かして経済に大きな打撃を与えているなかで、世界に先駆けてアメリカだけがコロナに勝った状態と言える。しかしながら、この現在のアメリカの状況が、今後どう動くかということになると、まったく予測がつかない。

アメリカの新しい動きを見ていると、あまりにもすべてに無理を重ねている。度を越した財政赤字もさることながら、これまでのしきたりや体制をいかにもアメリカ人らしく無視し、後先考えず、ただやみくもに前に推し進めている。

「アメリカが世界に先駆けてコロナウィルスに勝った」という状況がどこまで長期的なものので、どこまで安定したものであるかは予測すら難しいのである。つまり現在のアメリカが、コロナウィルス蔓延のなかで経済体制を安定させたことは明確ではあるが、それ以外のことは一切不分明であり、先行きもまた不透明である。私のよく知っている政治家やジャーナリストたちはすべて、こう言っている。

「アメリカの状況は、とりあえずは破局を免れたというものだ。しかしながら、これがどこへ向かっているか予測することは難しい。アメリカのいまの状況が、どこまで信用できるものなのか分からない」

アメリカが世界各国に先駆けて、新型コロナウィルス蔓延という恐ろしい状況のなかで経済体制を安定させ、とりあえずは政治、経済を破壊的な状況から救ったのは事実である。

まず、いまのアメリカの状況を見てみよう。

アメリカの新たな動きの象徴は、活発になっている人々の移動である。いまやアメリカ国内では多くの人々が、新しく住む場所を求めて目まぐるしく動き回っている。アメリカ経済の中心として百年以上君臨してきたニューヨークからも、短期間に大勢の人々が逃げ出して、テキサスやフロリダに移転している。

ニューヨークの不動産業界の友人の話によると、これまでアメリカの人々の人気の的であったマンハッタン北部の住宅が多数売りに出されて、値段が急激に下がってしまった。人々はレンタルトラックを借り、家財一式を家族とともに積み込んで、テキサスやフロリダを目指して移動している。

所得税をとらないことにしたテキサス州へはアメリカの若者たちが競って移動し、引っ越し用のレンタルトラックは完全に一方通行になっている。大量のレンタルトラックがテキサスに集まってしまい、レンタル会社はうまく管理できなくなってしまったと、悲鳴を上げている。

このあと詳しく述べるつもりであるが、ビジネスが順調なスーパーマーケットのウォルマートは、バイデン大統領が人気取りのために「一時間あたり一五ドルにする」と叫んでいた最低賃金をすでに実現した。

マンハッタンに住んでいた私の友人たちの数人も、テキサスやフロリダ、マサチューセッツ州に引っ越し、インターネットを介して、それまでやっていた仕事を支障なくこなしている。アメリカのビジネス界では、テレワークの普及が目覚ましい。

こうした動きのなかで注目すべきは、日本の経済評論家たちが頻繁に口にしている「コロナ以降」と言っているビジネスについてアメリカの評論家が次のように述べていることである。

「パンデミックの後、これまでのビジネスが戻ってくる、あるいは再開されると考えるのは間違っている。いまやまったく新しいビジネスの仕組みができあがってしまったからだ」

アメリカ経済は力強い拡大を続けており、経済力という点からすれば、すでにコロナ災害が始まる以前の状態に復帰し、さらに拡大すると見られる。

そうしたアメリカ経済の状況に引っ張られて、アメリカの株価がこれまた前例を見ないほどのスピードと規模で上昇し続けている。ウォール街の業績を明確に示す、アメリカの十年物の連邦債の利息も、ほとんどゼロに近かったところから、一・数パーセント台に回復している。

これまで、私も含めて多くの専門家やジャーナリストは、アメリカ経済の拡大と株価の上昇は、アメリカ政府と連邦準備制度理事会の超低金利政策、および金融緩和政策がもたらしたもので、ある種の低金利金融バブルの結果であると見てきた。しかしながら、アメリカ経済の実態を詳しく調べると、それだけではないことが明らかだ。

コロナ災害によって倒産したり、多額の債務を背負い込んだりしている観光業や航空業、飲食業は別として、基本的にアメリカの製造業、サービス産業はともに、コロナ災害という厳しい環境に適応する形で生産性を高めることに成功している。

その中心になっているのは、大規模なテレワークシステムをはじめ、IT技術を駆使した新しい産業体制である。アメリカはこの新しい体制によってコロナウィルスに勝ち、コロナ以降の世界をつくり始めている。

日本と同じようにアメリカでもコロナ災害による深刻な問題が起きている。航空業やホテルなどの観光業、レストランなどは軒並み巨額の損失を出し、破産する企業も少なくない。しかしながらアメリカ経済を全体的に見ると、国内総生産は大きく伸びる見通しだ。二〇二一年の見通しは三・七パーセント、来年二二年には四パーセントの拡大が予想される。

こうしたアメリカ経済の拡大は、住宅産業の活況ぶりや、石油、天然ガス産業の拡大、さらにはコンピュータをはじめとする電子機器産業の急速な成長に支えられている。

もっとも大きな理由は、政府の援助がなくても一般家庭の経済事情がきわめて良くなっていることで、アメリカの各家庭の貯蓄額は合わせて一兆五〇〇〇億ドルに上る。

こうしたデータは、大学の学費ローンが返せない人々や、住宅ローンが払えない人々が増えていることと矛盾するが、アメリカ経済全体からすると、そうした人たちは社会全体のなかでは少数派に過ぎない。

このようにアメリカ経済が順調に拡大している最大の原因は、製造業やサービス業がコロナ災害という厳しい環境に適応し、それを乗り越える生産性の高い産業システムをつくりあげたことだ。アメリカの半導体業界の友人はこう言っている。

「日毎に新しい電子機器がつくられ、新しい仕組みによるビジネスが開発されている。このため電子産業だけでなく、あらゆる生産業、流通産業のコミュニケーションが良くなり、生産性が向上し、高い利益を上げるようになっている」

アメリカの多くの企業は、現在のコロナ災害のもとにおける新しい体制を世界のどの国よりも先駆けてつくりあげ、経済を拡大している。つまりコロナ災害によってアメリカの経済活動は阻害されたわけではなく、新しい生産性の高いシステムができあがったのである。半導体関連の企業の代表である、私の友人がこう言った。

「パンデミックが終わっても、今のままの活動を続けるつもりだ。利益は増え続けている」

この友人だけでなく、コロナ災害が終われば、余分の支出を抑えた新しいシステムをつくろうとしている人たちが大勢いる。

こうしたアメリカ産業界の動向は、アメリカ政府と連邦準備制度理事会による低金利政策が長いあいだ続くという見通しと、トランプ政権からバイデン政権に引き継がれた経済緊急援助計画が、今後、強力に展開されるという見通しに裏づけられている。

アメリカ経済の強さが消費の拡大に裏づけられているのは確かである。またトランプ政権が行なった、両親と子供二人の四人家族に対する一カ月に二四〇〇ドルの援助が消費の拡大を大きく助けた。このときの予算は、ほぼ九〇〇〇億ドル。バイデン政権はさらにこれの二倍以上、一兆九〇〇〇億ドルの緊急支出を要求している。

野党共和党側は、この一兆九〇〇〇億ドルの支出の中に最低賃金の引き上げを補填する予算や、大学の学費ローンを帳消しにする予算が含まれていることに反対し、すんなりとは議会を通ってはいない。

しかしながら、バイデン政権によるこの緊急予算は、一般予算並みの審議の扱いを受けている。つまり上院で民主党が保有している過半数の五〇票と、上院議長である副大統領の票を合わせた五一票で成立する見通しだ。緊急経済援助予算の力によって、アメリカ経済はさらに大きく拡大するものと見られている。

アメリカ経済の実情を見ると、政府の援助に関わりなく、アメリカ産業界はコロナ災害に適応し、打ち勝つ体制を自らつくりあげたと言える。そして、それを後押ししたのが長期にわたる低金利政策と金融緩和政策である。

第二部　アメリカはドル通貨を世界中に溢れさせている

世界の人々がアメリカのしばしの安定ぶりを信用できないのは、世界の基軸通貨であるアメリカのドル、十九世紀に発行された当時、裏面が緑色だったことからグリーンバックと呼ばれるドル紙幣を際限もなく印刷し、世界中に溢れさせているからである。私の信頼するウォール街のアナリストはこう言っている。

「歴史的に見るとアメリカ経済はこれまで、不況に陥り通貨が滞ってくる度に恐慌を迎えた。この経験から、バイデン政権はそういった通貨不足を起こさないため、経済活動とは関わりなくドルを刷り続けている」

アメリカの対コロナウィルス政策は一見うまくいったように見え、経済体制も一応安定はしている。しかしながら、この状況に人々がいまひとつ信頼を持てないのは、バイデン政権による常識破りの通貨膨張政策に強い不安を感じているからである。

アメリカ政府は経済に打撃を与えているコロナウィルスに打ち勝つために、ふんだんな予算措置をとり、考えられないような赤字財政によって経済支援政策をとり続けている。バイデン政権の強気な経済政策、赤字財政政策は、これまでのアメリカ政府の健全財政という考え方とは大きく食い違っている。

バイデン政権の赤字財政は、アメリカ共和党や保守主義者から厳しい批判を浴びている。そうしたなかでバイデン大統領が断固とした姿勢をとり続けているのは、政府について、アメリカのリベラル派の考え方を基本にしているからである。

アメリカリベラル派の人々は社会主義的な考え方から、国民の生活を守るために国家は無制限に協力する必要があると考えている。つまり国家が個人の生活のすべての面倒を見るという社会主義、共産主義の考え方である。

バイデン政権は、表面的にはともかく、基本的にはリベラル派によって支配されている社会主義的政権、共産主義的政権と言うことができる。アメリカ政治を裏側から見ると、バイデン政権というのは、社会主義者のサンダース上院議員やウォーレン上院議員、オカシオ下院議員、ハリス副大統領によって動かされている社会主義政権なのである。

こう言い切ることができるのは、バイデン大統領には支持勢力というものがまったくないからだ。ジョー・バイデンは、アメリカのリベラル、社会主義者たちの助けによってホワイトハウスに入ることができたのである。この事実は、二〇二〇年の大統領選挙が不正で盗まれたものだ、というトランプ大統領の主張につながってくる。

二〇二〇年十一月の大統領選挙でジョー・バイデンは、過半数をわずかに超える票数を獲得してホワイトハウス入りした。その支持勢力の詳しい分析はいまだに明らかになっていないが、七千数百万のバイデン支持者のうち社会主義者の票は三〇〇〇万票あまりだったと見られている。残り四〇〇〇万票あまりは、民主党穏健派の票である。民主党穏健派は、ビル・クリントンやヒラリー・クリントン、オバマ元大統領、それにケリー元国務長官の支持者たちから成っている。

この内訳、つまり、三〇〇〇万票が社会主義者の票であり、四〇〇〇万票が民主党穏健派の票であることがバイデン政権の権力構造の秘密と言えるが、問題なのは、そうしたバイデン政権の力がどのように行使されているかである。

バイデン政権の閣僚の顔ぶれや支持勢力の動きを分析すると、バイデン大統領は表面的には民主党穏健派の力に頼っている。これはアメリカのテレビネットワークをはじめとするマスコミの協力を得るために必要なことである。その結果、組閣にあたって冷遇されたリベラル派は実質的な利益を手にしようとしている。

リベラル派は、国家が貧しい人々の生活の面倒を見るという、共産主義的な福祉偏重政策をバイデン大統領に取らせようとしている。こうしたリベラル派の圧力を受けてバイデン大統領はどれほど財政赤字を増やしてでも、共産主義的経済を推し進めようとしている。

アメリカ政府がとっているコロナウィルス災害に対する財政措置は、一九二九年の大恐慌の二の舞を避けるためにあらゆる資金を投入するという考え方のもとで施行されている。すでにアメリカGDPの一年分、二〇兆ドルに近い政府資金が投入されている。

コロナ災害はトランプ時代に始まっており、トランプ政権は、一兆ドルの土木建設援助費と九〇〇〇億ドルの生活援助費を投入した。バイデン政権はさらに三兆ドルという莫大な予算を投入した。

アメリカ政府の発表によると、通常予算のなかでコロナ対策としての生活援助費に充《あ》てられているのは三パーセントにすぎない。それでも子供二人の四人家族は、夫婦合わせて年収が八万ドル以下の場合、一年に四〇〇〇ドル近い生活援助費を無条件で受けとれることになっている。アメリカ政府の関係者は私にこう言った。

「アメリカ議会が迅速に決定すれば、アメリカ国民は確実に、現金や小切手を手にすることができるようになる」

こういった積極的な赤字財政にもとづく援助体制が功を奏し、アメリカ経済がコロナウィルス後に向けて動き出している。

二〇二一年三月二十五日、バイデン政権のクライン首席補佐官は与党民主党のリベラル派の代表と会い、クリーンエネルギー産業を支援するために、向こう十年間で十兆ドルにのぼる政府資金を投入すると約束した。

こうしたアメリカのやり方が、ＧＯＴＯトラベルとかＧＯＴＯイートといった、観光業や飲食業に対する援助でお茶を濁している日本政府のやり方とは大きく違っていることは明らかだ。

政府赤字の額からすると、日本はいまや世界一であるが、ＧＯＴＯトラベルやＧＯＴＯイートなどといった、政治的に不明確な支出が多く、コロナ以降の世界を目指したものとは言い難い。

アメリカ政府は、積極的な財政赤字政策を進める一方で、モノづくり、つまり生産体制の強化に力を入れている。もともとトランプ前政権は、石油、天然ガス、および農業の援助に力を入れていたが、バイデン政権の官僚たちはハイテク企業の育成に力を入れ、新しいクリーンエネルギーの開発を中心に、コロナウィルス後の時代をつくろうとしている。

このアメリカ政府の動きに関連して注目すべきは、今度のコロナウィルス災害に対応して、珍しく産業政策を正面から取り上げていることだ。アメリカ商務省はコロナウィルス災害後の時代に新しい産業を興《おこ》すため、重点的な資金供給を行っている。そのために、実際に企業に融資している銀行への資金を確保し、企業への貸し出しをたやすくできるようにしている。

しかもそれ以上に注目すべきは、これまたアメリカ政府としては珍しく、長期にわたって低金利政策を続け、企業活動を支援していることである。アメリカ政府はとりあえず、財政赤字がどれだけ増えようとも、現在の低金利政策を二〇二四年、次の大統領選挙までは維持しようとしている。

低金利政策を長期にわたって続け、しかも財政赤字を拡大させることは、そのままインフレの懸念につながる。とくに現在のようにコロナウィルスのあとを目指して消費が急速に増えているなかでは、当然のことながらインフレへの心配は強い。

こうしたインフレの懸念に対してアメリカ商務省はモノづくり体制を強化し、企業を育成しようとしている。これも国家経済を嫌うアメリカとしては珍しい政策と言えるが、すでに述べたように、バイデン政権の背後には社会主義者が多く、国家経済政策の促進に強い反対はない。そのうえアメリカのマスコミは基本的にはアメリカ民主党の応援団で、バイデン政権のコロナ災害後の世界に向けての政策を無条件で支持している。

この結果、何が起きているか。コロナ災害の後を目指して消費を爆発的に増やすために、アメリカではモノづくり体制の強化が急速に推し進められている。バイデン大統領は「仕事を増やし、労働者を増やせば、給料が増え、消費も増えて、インフレの心配は深刻ではなくなる」と述べている。生活保護体制を政治的な目標にしている民主党としては珍しく、労働者全体の数を増やすことが政策の柱になっている。

アメリカ商務省と労働省が発表した経済政策文書は、「労働者を増やし、生産体制を強化することがインフレを避けることになる」という結論を伝えている。アメリカではかつてレーガン大統領の時代、「サプライサイド経済」、つまり人々が買いたい物をたくさんつくれば、多くの人が買い求め、経済が拡大するという理論にもとづいた経済政策をとり、大きな成功を収めた。

アメリカ政府は、コロナ災害後の時代を目指して、消費を爆発的に増やし、それに対応する形でモノづくり体制を強化する政策をとっている。言葉を換えて言えば、アメリカは際限のない赤字政策を進めて、コロナ災害を逃れようとしている。

バイデン政権の考え方の背後にあるのは、「アメリカという大きな国は、経済が基本的には強いのであるから、通貨であるドルをいくら刷りまくっても経済体制を崩壊させるわけではない」という楽観論である。

しかしながらこういったアメリカの楽観論は、アメリカのことだけを考えての通貨政策であるという不信が強く、アメリカに対する信頼を損ねている。

第三部　バイデンは労働者と低所得者を買収している

バイデン政権がいま進めているドル通貨、いわゆるグリーンバック（政府紙幣）を際限なく印刷する通貨膨張政策について、バイデン大統領は「コロナウィルス騒ぎの混乱と経済活動の縮小を防ぐためである」と述べている。

「コロナウィルス災害で人々の仕事が失われるのを防ぐために、私は莫大な量の通貨を印刷しているが、アメリカにはそれを支えることのできる経済力がある」

しかしながら現実にはバイデン政権の財政政策は、コロナ災害対策よりも自らの政治基盤である労働者や低所得者に対する政府資金援助に重点が置かれている。際限なく印刷している通貨を財源に、政治基盤となる人々に対して、一種の賄賂戦略を展開しているのである。

貧しい人々を買収するに等しいバイデン政権のやり方に、強い疑惑の目を向けている国民が増え始めているが、バイデン財政についてもっとも厳しい疑いを持っているのがアメリカ議会予算局である。

アメリカ財政のお目付け役である、議会予算局ＣＢＯは二〇二一年四月十八日、「バイデン政権によるアメリカの二〇二一年の連邦予算は、国民総生産二〇兆ドルを上回る大幅な赤字になる」と発表した。

この議会予算局の発表は、アメリカが二年にわたってアメリカ経済、つまり一年間の総所得であるＧＤＰを上回る財政赤字を計上することを明らかにしたわけであるが、こうした状況は第二次大戦中の莫大な戦費の赤字に匹敵する。

議会予算管理局の指摘のなかでとくに懸念すべきは、アメリカ政府の赤字が、現在バイデン政権が要求している一兆九〇〇〇億ドルの緊急支出を含んでいないことである。

アメリカ政府は一・九兆ドルに上るバイデン緊急支出以前に四兆一〇〇〇億ドルの緊急支出を決めている。このほか、今後十年間にわたって毎年二兆ドルずつの公共土木などを中心とした緊急支出の要求を明らかにしている。

赤字という、まさに存在していない財源によって政策を進めているバイデン大統領のやり方は、詐欺師と同じである。自分のものではない金で博奕《ばくち》を打っているようなものだと、アメリカの専門家の多くが批判している。

このような辛辣な批判が出てくる最大の原因は、バイデン大統領が現実の経済の拡大をまったく考えておらず、借金だけで国を動かそうとしているのが明白だからである。アメリカの将来を博奕で決めるようなものだという懸念が強まっているからだ。

現在アメリカでは、すでに述べたように、新しいテレワーク体制によって経済を立て直す動きが始まっている。クリーンエネルギーの開発にも希望が生まれていると言われている。

しかしながら現実問題として、アメリカ政府の税収、税金の収入はまったく増えていない。経済が拡大しているという証拠も明らかではない。そうしたなかで、財政赤字が国の経済を上回ってしまうというのは異常なことであるだけでなく、アメリカの先行きを不安に陥れてしまう。

バイデン大統領のやり方は、まず政府がお金を刷りまくり、通貨量を増やすことによって経済を成り立たせるというもので、この考え方は、バイデン大統領だけでなく、アメリカの一部にも支持されている。

「アメリカという国は経済的にも軍事的にも強大であり、天然資源にも恵まれている。したがって、自国の通貨であるドルを刷りまくったとしても、経済に問題が起きるわけではない」

アメリカのような大国は勝手に通貨を発行することができるというこの考え方は、昔から存在してきた。しかしながらバイデン大統領が行おうとしている通貨膨張政策は、あまりにも異常である。

バイデン大統領は、通貨を刷りまくると同時に大規模な企業増税を予定している。そうしたやり方は、アメリカ経済の活動を阻害してしまう懸念が強い。つまりバイデン大統領の経済政策というのは、自分が持っている資金や信用を使うのではなく、他人が持っているお金を先取りして経済を成り立たせようという不安定な政策である。

これまでにもアメリカは博奕的な経済活動の行き過ぎで、住宅不動産バブルやドットコムバブル、あるいはリーマンブラザーズの倒産などを引き起こした。バイデン大統領の通貨膨張政策の結果、同じようなことが現実に起きてしまえば、アメリカ経済そのものを崩壊させてしまう恐れが強い。

しかもバイデン大統領の政策で懸念されるのは、これまですでに膨大な量の緊急援助資金が投入された結果、アメリカが経済大国と言いながら、その財政負担が著しく増えてしまっていることである。

バイデン大統領の危険を背負っての財政政策は、予定通りに経済が大きくならなかった場合には、長期にわたってアメリカの人々を苦しめることになる。それだけでなく、ひいてはアメリカ経済に頼っている日本をはじめ世界の経済に重大な影響を与える。

アメリカの専門家が、バイデンが人の金で博奕をしていると批判しているのは、まさにこの点である。自己資金というものをまったく用意せず、お金を刷り、増税するという、いわば人のお金と信用を当てにした経済政策である。万一、現在の経済が揺らいだときには、その被害は増大してしまうことになる。

こうした危険な赤字財政政策のなかで、バイデン大統領が犯罪的だと批判されているのは、バイデン大統領のやり方そのものである。

バイデン大統領は今度の一兆九〇〇〇億ドルに上る緊急支出を要求するにあたって、コロナウィルス災害対策として、「いま断固とした緊急支出をしなければ体制を立て直すことができない」と、議会で述べた。その際ジョー・バイデンは、これまですでに数兆ドルの膨大な資金がコロナウィルス対策費として投入されていることにまったく触れていない。

実際に一兆九〇〇〇億ドルの支出の内容を見ると、コロナウィルスのワクチン接種のために投入される資金は、一兆九〇〇〇億ドルのわずか五パーセントにすぎず、コロナ災害に対する具体的な活動のための資金は一五パーセントしか計上されていない。

この問題を調査、研究している保守系シンクタンクの学者たちは、次のようにバイデン大統領を非難している。

「バイデン大統領は、コロナウィルス災害対策費であると主張しながら、実はリベラル派の典型的なやり方、ばらまき予算を実施している。政府資金を政治的に使っている」

こうした非難が的を射ているのは、バイデン大統領が投入しようとしている一兆九〇〇〇億ドルの緊急予算のほとんどが、低所得者に対する医療保険援助費や生活保護費、温暖化防止対策費などに使われるからである。しかも今後十年間に投入される二〇兆ドルという莫大な政府資金は、公共土木などを中心とした政策予算のためである。

バイデン大統領が要求している緊急予算が、アメリカのリベラル派の政治的な意向を取り入れた政治的支出であることは明白なのだ。私のハドソン研究所の友人は、こう言っている。

「ジョー・バイデンはコロナ災害対策、あるいは緊急経済援助費用として莫大な財政赤字予算を要求しているが、そのほとんどが政策的支出である。政策的な支出を表面に立てれば、上下両院ともぎりぎりの勢力しかない民主党だけの力によって十分な予算を獲得するのは不可能である」

ジョー・バイデンはコロナ災害対策、あるいは緊急事態対策として野党共和党を巻き込んで赤字財政を強力に推し進めている。しかし実際に内容を詳しく検討すると、ジョー・バイデンの支出はすべて恐ろしく政治的である。いろいろな名目をつけて緊急支出としているが、実際には労働組合に対する援助、年金の保護といった民主党勢力の政治的なプロジェクトを支援するための支出がきわめて多い。

アメリカ予算の守護神とも言うべき議会予算局が警告しているのが、まさにこの点なのである。バイデンに予算を要求されるまま議会が支出すれば、恐ろしく偏ったリベラル指向の国家財政が行われることになる。ジョー・バイデンは嘘をつき、詐欺師的手法を使って、リベラル政策を実施するための予算を獲得しようとしているのである。

ジョー・バイデンの大規模な赤字財政を可能にしている経済環境は、連邦準備制度理事会の低金利政策と金融緩和政策によってつくられたものである。だがこの政策は、すでにインフレ含みの危険な状況をつくりだしている。

アメリカは経済が必要としている以上の資金を獲得するために、国家赤字の象徴である連邦債券を発行しすぎてしまっている。こうした状況を懸念する議会予算局は次のように警告している。

「いまの状態が続けば経済が混乱し、多くの人々が財政的な打撃を受けることになる」

ジョー・バイデンが詐欺師的な手法で財政赤字を増やし続ければ、アメリカの人々がその負担を背負い込むことになる。それだけでなく、アメリカ経済を破滅に追い込む危険があるある。

ジョー・バイデンを筆頭として、アメリカ民主党が行っている詐欺師的な行動はいま述べたことだけでは終わらない。バイデンとアメリカ民主党は「トランプ前大統領がコロナウィルス感染の暴発に正しい対応策をとらなかったために被害が大きくなり、アメリカの人々が苦しんでいる」と主張し、その対策のために膨大な財政赤字予算を要求している。ところがバイデンのもとで、コロナ災害対策が順調に進んでいるわけではない。

コロナウィルス災害の結果、学校を閉鎖しているアメリカの公立学校は、クリスマス頃にならなければ再開する見通しはないと言われはじめている。コロナウィルス災害が一段落するのもクリスマスと言われている。コロナウィルス対策を最優先する約束をしてトランプ政権を追い落としたバイデンと民主党は、その公約を果たしていないのである。

バイデン政権は、コロナウィルス災害を口実に莫大な予算を獲得し、国民に知らせないままリベラル派的な国家財政政策を推し進めようとしている。このことはすでに指摘したように、経済がうまくいかなくなった場合、住宅バブルやドットコムバブルが破裂して、アメリカそして世界に大恐慌を引き起こすことになる。

第四部　大恐慌の危機が迫っている

バイデン大統領はアメリカのドル通貨を印刷し続け、世界中に溢れさせることによって不況を防ごうとしているが、いま実際に起きているのは、水増しされたドル通貨による異常なほどのウォール街の株価の高騰、そしてバブル崩壊の危機である。この状況も、アメリカに対する信頼を大きく損なっている

ウォール街のダウ平均、S&Pなどが値上がりを続け、ウォール街の株価は住宅バブルやドットコムバブル、リーマンブラザーズ倒産を引き起こした当時と同じようにバブル的な高値になっている。

しかしながら、コロナウィルスの被害を心配するアメリカの人々はウォール街の株価の高騰について、あまり懸念していない。だがウォール街の株価の歴史的な値上がりは、明らかに異常である。いまウォール街で実際に何が起きているかを知る必要がある。

ウォール街の株価はアメリカ経済の強さを基盤として、長く続いている低金利政策と金

融緩和政策によって現金が溢れた結果、明らかにバブルと思われる高値を生んでいる。私の信頼するウォール街の分析家は、ウォール街の株価の現状と見通しについて、次のようなレポートを送ってきた。

「ウォール街の株価は、長期にわたる低金利政策と、今後さらに金融緩和政策が当分は続くという見通しのなかで、異常とも言える高値を生じさせている。しかし、いまやそういった異常な状況を何らかの形で終わらせなければならないという考え方が、関係者のあいだで強くなっている。ウォール街の投資家としていまなすべきは、これまでの異常事態のもとでの、ポートフォリオを正常な形に変える努力を始めることである」

この分析家の見方は、ウォール街の投資トレーダーのあいだでも強く支持されている。これまでは、金あまりが無制限に続くという見通しのもとで資産の運用を行ってきた人々も、少し引いた形で冷静に先行きを見ながら考える時期に入ったと考えるようになっている。

ウォール街の異常な事態を最も象徴的に示したのは、二〇二一年一月二十八日、歴史に残る大騒動になった、「ゲームストップ」と呼ばれる、ヘッジファンドの投資家たちのグループと、そういった特殊な投資を相手にしてきたウォール街の投資の受け手グループ、

「ロビンフッド」グループの正面切ってのぶつかりあいであった。

「ゲームストップ」は、ネットメディアやオンラインを使って少額の資金をかき集めて莫大な投資資金を保有し、ウォール街の株価を傍若無人のやり方で動かしてきた。なかでも注目を浴びたのは、ウォール街どころか世界中で有名になっている電気自動車テスラの株である。ほぼ一〇〇ドル前後だったものが、「ゲームストップ」が扱う重要な投資の対象となるとともに急速に値を伸ばし、一株あたり一〇倍近く、九〇〇ドル近くまで急上昇した。

テスラの電気自動車は画期的なもので、その技術は確かに注目されるべきものだが、一〇〇ドルの株価が短期間に九〇〇ドルを超えるというのは異常だった。テスラが電気自動車の優れた技術を開発したとはいえ、GEやトヨタ、フォルクスワーゲンにはおよびもつかない小さな企業であったことから、その値上がりの異常さが話題になった。

「ゲームストップ」は、テスラの株を朝に買ったあと、値段が上がると直ちに大量に売って利ざやを稼ぎ、午後に再び買い戻し、時によっては再び売るという、常識破りの取引を行ってきた。その後は、最高値から少し安くなり、七〇〇ドル前後になっているが、テスラの株価の高騰ぶりは、今後もウォール街の歴史に残るものだった。

「ゲームストップ」は、テスラだけではなく、朝から昼過ぎまで実に七〇〇万を超える大量の株の買い注文を出し、軒並みウォール街の株価を引き上げた。こうしたやり方に対抗して、特殊なグループの売買の受け皿になっているウォール街のトレーダーグループ「ロビンフッド」は、突如として「ゲームストップ」の売買を停止し、買いの注文を引き受けるのを取りやめた。

このため当日の市場は大混乱に陥り、「ゲームストップ」の株そのものも半日の間に四四パーセントと大幅に値下がりし、「ゲームストップ」が買い進めていた株価も大きな損害を受けた。

「ゲームストップ」の注文を停止するという「ロビンフッド」のやりかたは、これまでウォール街で起きたことのない騒ぎを巻き起こしたが、もともと「ゲームストップ」の異常な行動に批判が多かったことや、「ゲームストップ」そのものが、評判の悪いヘッジファンドとみなされていたことから、ビジネスの道義上の問題として非難されることはなかった。

しかしながらアメリカ議会はこの問題を重視し、下院の金融委員会は違法性についての厳しい公聴会を直ちに開いた。この公聴会には、「ゲームストップ」や「ロビンフッド」の関係者の他に、ヘッジファンドマネージャーや、デイリートレーダーたちも証人として呼ばれた。

この議会公聴会は一日では終わらず、何日か続いたが、結局はこれといった違法行為を見つけることができず、バブル時代の行き過ぎた出来事であったという、訳のわからない説明で終わった。

アメリカ資本主義の牙城とも言えるウォール街で、前例のない異常事態が起きていることは、アメリカだけでなく世界の資本主義の存在を左右する由々しい問題と言える。アメリカでは、トランプ支持勢力が議会になだれ込み、破壊的な行動をとったことに対して、マスコミを中心とするリベラル派が、民主主義を破壊するものだとして猛烈に非難攻撃した。

ところが、ウォール街で同じような暴力的な投資によって資本主義の存在が危うくなったことに対しては、強い批判は出なかった。

ウォール街で前例を見ない事態が起きたのは、紛れもなくウォール街が金あまりの状態で、投資資金が溢《あふ》れているからだ。あらゆるネットメディア、ネットビジネスを通じて、訳のわからない資金が集められ、「ゲームストップ」グループだけでなくデイリートレーダーたちによってもルールを無視した、無茶な投資が行われている。

同じ株を一日に何回も売り買いするというのは、明らかに常識的な取引を超える行為である。しかし議会の公聴会では事実の確認が行われただけで、行政当局の取り締まりの不足について追及されることもなく、結論も出なかった。ウォール街はいまや、訳のわからない資金が溢れる賭博場になった。

アメリカ議会予算局のデータによると、アメリカ政府と連邦準備制度理事会の金融緩和政策の結果、一年間に五兆ドルの紙幣が印刷されて、市場に流れ込んでいる。そのほとんどがアメリカ連邦政府の債券になっているが、その債券の安い利回りから生じている市中銀行のクレジットや、企業の発行する社債などから生じている現金で、いまウォール街は、資金の洪水の中にある。

こうした情勢をさらに悪化させているのは、アメリカ連邦政府の財政赤字である。アメリカ政府は、赤字財政によってアメリカ経済を拡大し続けるという基本的な考えを持ち、トランプ政権もバイデン政権も赤字を増やし続け、いまや政府の赤字の額は、一年を通じると二〇兆ドル、アメリカのＧＤＰに匹敵する。

議会予算局によるとアメリカ経済は二六兆ドルと巨大だが、社会福祉費や生活保護費、それに加えてバイデン政権が行おうとしている大学の学費ローンの政府による肩代わりなどで、赤字が止《とど》まるところを知らない勢いで増えている。アメリカ議会予算局の重要な研究職を務めていたハドソン研究所の同僚は次のように言っている。

「アメリカ政府の赤字については、トランプ政権のもとでは少なくとも国民総生産を増やそうという努力がなされ、財政赤字が増えるなかでも、一定の規制というものが見られた。しかしバイデン政権は、労働組合におもねる気持ちが強く、生産の拡大については関心がない。フードスタンプなど生活保護的な支出が急速に増えている」

フードスタンプというのは、政府が低所得者に与える無料の食料品券のことである。私の信頼するウォール街の分析家が指摘するように、アメリカの財政赤字を基本とする政策は歴史的に見ても、これ以上は続けられない状況にある。いまや誰もバイデンを信用できないと思いはじめている。

第五部　ルーズベルトの日本との戦争を見直す

アメリカという国は日本に核爆弾を落としながら、その後の日本では、日本を民主主義に生まれ変わらせた国であると、むしろ評価されているようだ。これはアメリカが日本に核爆弾を落とすというひどいことをしながら、一方では日本で政治的に恵まれなかった女性の立場を改めたり、神風特攻隊で若者を死なせながらのうのうと生き残った指導者を処刑し、食糧危機を救い、日本国民を喜ばせるようなことを行った結果であった。

それから七十六年経ったいま、日本はアメリカという国がどういう国なのか、正しく再評価しなければならなくなっている。つまり新しい国家主義の時代に、アメリカという国をこれまでのように信用して良いのかどうかについて考え直す必要がある。フランクリン・ルーズベルトの日本に対する戦いというのは、歴史の流れのなかで評価し直せば、いったいどういう戦いであったのか。

バイデン大統領がコロナとの「戦争だ」とわめきながら、大規模な赤字財政を推し進めているが、この状況は、いまから九十年前、アメリカのルーズベルト大統領の大きな政府、戦争政府の再現と言える。一九三〇年代、ルーズベルト大統領は日本と戦争するために国家予算を組み、国民を教育し、政府を動かした。まさにアメリカという国を、戦争する機関にしたのだった。

ルーズベルト大統領が行ったことは、すべてがアメリカの民主憲法を踏みにじるものだったが、アメリカという国を賭《か》けての戦争を行うために必要であるとして押し通したのであった。

当時のルーズベルト大統領の行動を調べてみると、現在のバイデン大統領の政治とあまりに似通っていることに驚いてしまう。現在のバイデン大統領も、そして九十年前のルーズベルト大統領も、戦争をするだけのために、莫大な政府資金を投入し、恐ろしいほどの専制政治を展開している。

ルーズベルト大統領は一九四一年十二月八日に行われた日本の真珠湾攻撃は国際社会のあらゆるルールに違反する不法行為であるという宣伝を、アメリカ国内の隅々まで行き渡らせた。

この真珠湾攻撃はすでに述べたように、ワシントンの日本大使館が東京から送られてきた開戦を通告する電報の翻訳に時間をかけすぎ、攻撃の前にアメリカ側に通告できなかったため、不意打ちの無法行為だとされている。

しかしながらアメリカ側はすでに、日本の極秘電報を解読する能力を手にしており、日本側が攻撃することを予知していた。ただその攻撃目標が真珠湾ではなく、フィリピンのアメリカ植民地マニラだと思い込んだという間違いがあった。

この問題に深く入るつもりはないが、ルーズベルト大統領はアメリカのマスコミを動員して日本を悪者に仕立て上げ、在米日本人を危険なスパイであると決めつけて強制収容所へ押し込み、土地や財産をすべて没収した。そのうえアメリカ国家としては、考えられないような莫大な国防予算を計上し、戦争に向かってまっしぐらに突き進んだのであった。

バイデン大統領もルーズベルト以来という膨大な赤字予算を計上し、やはりルーズベルト時代以来というアメリカとしては珍しい大きな政府をつくりあげている。しかも巧妙なかたちでアメリカのマスコミを総動員し、アメリカ国民を洗脳してしまっている。

現在のバイデン政権は、紛れもなく戦争政権である。バイデン自身が標榜しているように、コロナウィルスとの戦い、対コロナ戦争と言える。

私がすでにこの本の中で指摘しているように、アメリカを筆頭として、コロナウィルス災害が拡大するなかで、各国政府は国家主義的な政治体制を強化することによって、経済を急速に改善しつつある。

つまり世界の様子を見ると、コロナウィルスとの戦いを進めるための戦闘体制がうまく出来上がり、コロナウィルスが猛烈な勢いで蔓延し続けているなかで、経済状況は驚くほど安定してきている。

逆の見方をすれば、コロナウィルスの恐怖と戦うという戦争状態のもとで、バイデン大統領のアメリカをはじめ世界の国々が、戦争体制を巧妙に形づくり、経済を回復させているのである。

こうしたコロナウィルスに対する各国の体制は、戦いのために国家を巧妙に運営する国家主義的な仕組みそのものである。大きな政府や国家主義的体制は、個人主義的な生活や個人の自由を圧迫するものであるが、指導者たちは戦争に勝つという絶対的な目標のために国家の機能を最大限に、そして効果的に機能させようとしている。

九十年前のルーズベルト大統領は当時「恐怖からの自由」という巧妙なスローガンを打ち上げ、国民の戦う意思を鼓舞しようとした。ルーズベルト大統領は、「ヒトラーのナチや、日本の軍国主義の恐怖から逃れ、自由にならなければならない」と主張し続けた。

ルーズベルト大統領はまた、ニューディール政策を推し進め、政府資金による経済活動を強化するにあたって、「アメリカの人々は貧困や飢餓からの自由を得なければならない」と主張した。

こうした大きなスローガンのもと、ルーズベルト大統領はニューディール政策という大きな政府による政治活動を国民に飲ませることに成功した。あらゆるマスコミを動員して、「日本の真珠湾攻撃はだまし討ちである」と宣伝し、戦う体制を推し進めた。いまのバイデン大統領の政治行動は、こういったルーズベルト大統領の政治行動と共通している。

バイデン大統領は全力を挙げてコロナウィルスの恐怖を宣伝し、あらゆる犠牲を払ってでも対抗しなければ、文明が崩壊してしまうと主張した。その宣伝は見事に効果を上げ、大統領の座を獲得した。

バイデン大統領の行った政治工作は、ルーズベルト大統領の政治工作に匹敵し、あるいはルーズベルト大統領以上にデマゴーグに満ちたものであった。バイデンは「トランプ大統領はコロナウィルスの脅威を理解しておらず、アメリカを崩壊させてしまう」という嘘の宣伝を行った。この宣伝が効果を上げたのは、トランプ大統領自身の常軌を逸した発言のせいもあるが、いずれにせよバイデンのトランプ批判は、ルーズベルトの日本非難よりもねじ曲がっている。

ルーズベルトが真珠湾攻撃を利用したように、バイデンはトランプの対コロナ政策を非難し、ホワイトハウスから追放することに成功したが、バイデンのトランプ批判が嘘まみれであったのは、その結果起きていることから判断すれば明らかである。

バイデン大統領が接種を推し進めているコロナウィルスワクチンというのは、そもそもトランプ大統領が全力を挙げて短時間で開発させ、製造させることに成功したものなのである。

バイデンのトランプ批判は選挙でも効果を上げた。アメリカ国民はマスコミが送り出す、怒涛のようなトランプ批判に影響され、過半数の人々がトランプ大統領を批判する投票を行った。バイデンはルーズベルトが真珠湾攻撃を利用したように、マスコミのトランプ批判を利用して選挙に勝ったのである。

ルーズベルトと同じ戦法で勝ち、ホワイトハウスに入ったバイデンはいま、国家が安全のためには何をしても良いという国際社会の暗黙のルールとも言えるジャングルの理屈に沿って大きな政府をつくり、大規模な赤字財政を進めている。

新型コロナウィルス災害は変異体が出現したことによって、予想より長く続くと懸念されている。そうしたなかで国家主義的な対策、個人の自由や権利を無視するような大きな政府とその政策が続くことになる。

結局のところ、コロナウィルスとの戦いでは、あらゆる問題にわたって大きな政府とその政策が結果としては効果を上げているからである。

その大きな政府をつくりあげ、動かしているのは、これまでは考えられなかった赤字財政であり、戦いのためには何をしても良い、という反民主的で国家主義的な政策である。

これまで述べてきた国家主義、戦いのためには、そして国を守るためには何をしても良いというアメリカ政府の膨大な赤字財政は、中国に対する戦いを続けることに象徴されている。この大きな政府、国家主義的な戦いの時代にいまや大きく遅れてしまっているのが、我が日本である。

第六章
西太平洋に日本の力で平和と安定を取り戻す

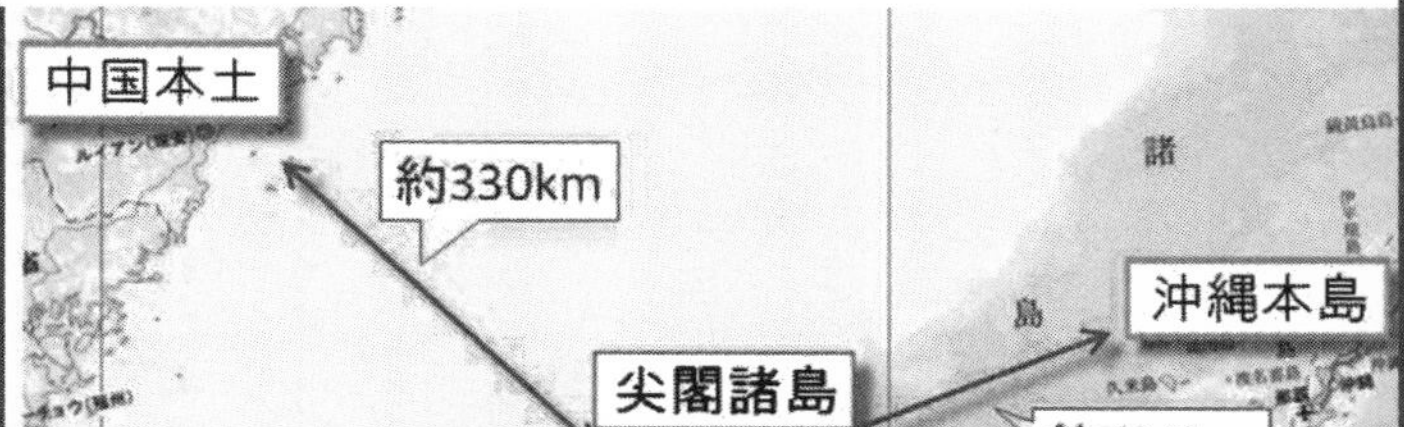

尖閣諸島の地図◆外務省　尖閣諸島に関する資料『尖閣諸島について』より

第一部　日本の国土を守るためには戦わなければならない

国家の基本的な条件のひとつである独自の国土を維持するためには国民の犠牲が必要である、という厳粛な事実に私が強く心を打たれたのは、沖縄の海兵隊幹部と話し合ったときのことであった。

少し前のことになるが、私のテレビの番組を通じてアメリカ海兵隊とかなり親しい関係にあった頃、ワシントンから当時のアメリカ海兵隊の司令官、クルーラック大将と沖縄の現地を訪問した。

特別機で嘉手納基地に着いたクルーラック大将は、タラップから降りるとそのまま真っ直《す》ぐ、嘉手納基地の一角にあるアメリカ海兵隊の大きなダイニングルームに直行した。

そこには多くの海兵隊の幹部や海兵隊員が集まっており、クルーラック大将が到着すると同時に大宴会が始まった。アメリカ海兵隊の食堂というのは、アメリカ海軍のように、階級格差やしきたりに縛られた雰囲気はまったくない。ワシントンの大きなファミリー・

レストランという趣《おもむき》である。

大きなダイニングルームの正面から入ると、まるでお祭りの屋台のように、ピザハウスから始まり、ハンバーガーショップ、パスタ店、サラダバー、それにアイスクリームや各種飲み物のセクションが一列に並び、明るい照明に照らされていた。

アメリカ海兵隊の軍楽隊が大将の到着を知らせる演奏を終えたとたん、挨拶もなく怒号のような声が上がり、ただちに会食が始まった。当時のアメリカのエネルギーと海兵隊の意気を示すような風景ではあった。

クルーラック大将が私をともなって座ったテーブルには、四、五人の海兵隊大佐とそれを補佐する中佐、少佐が顔を並べていた。会食は海兵隊らしく磊落《らいらく》な雰囲気で進み、アルコールも入り、自由活発な会話が飛び交っていた。

そうしたなかで、正面に座った海兵隊大佐としては珍しく細身で学者のような顔をした大佐が、ビールを飲みながらこう言った。

「これから沖縄が危機になったとしても、我々はもう二度と沖縄のためには血を流したくない」

この後、アメリカ海兵隊はオバマ大統領の指令のもと、戦闘部隊がすべて沖縄をあとにして中東に出動し、オーストラリアに移動した。戦闘能力に関して言えば、沖縄は空き家になってしまった。しかしながら私が予想しなかったのは、「戦う集団」と呼ばれるアメリカ海兵隊の幹部の「もう二度と沖縄のためには血を流したくない」という断言であった。

沖縄は日本の人々にとっても、ひめゆりの塔の話をはじめとして、戦争の惨禍を象徴する悲劇の島と考えられている。アメリカ軍にとっても沖縄は、多くの犠牲を出して占領した、いわばアメリカの若者の血で奪い取ったアメリカの領土ということになる。とくに海兵隊にとっては、沖縄というのは思い入れの深い土地であるはずだった。

アメリカ海兵隊はアメリカなりに大きな犠牲を払って沖縄を占領したが、その努力を肝に銘《めい》じ、沖縄の戦闘に上陸した地点を、各部隊の本拠地としてきた。そもそもアメリカ海兵隊にとって、自分たちの基地と言えるのはアメリカ本土を含めてわずか四カ所にすぎない。沖縄というのは、戦略的にも行政的にも重要な基地であった。

アメリカ海兵隊は、常時においては二個師団《しだん》の地上戦闘部隊と、それを支援する二個師団の航空部隊から成り立っている。現在では中国と中東の事態に対応するため、第九師団が現役化され、合わせて三個師団から成り立っている。

その海兵隊の基地は、沖縄のほかにはカリフォルニアのキャンプ・レジュン、サウスカロライナ州のキャンプ・ペンドルトン、それにハワイの基地の四つしかない。沖縄というのは単なる日本から奪い取った占領地域ではなく、海兵隊存続そのものを支える基地になっていた。そういった、海兵隊にとってはなくてはならない沖縄に戦闘部隊がいなくなってしまっただけでなく、海兵隊の幹部が「沖縄という土地を守るために二度と血を流したくない」と断言した。このことは私にとっては新たな驚きであったが、それと同時に、西太平洋全体を混乱に落とし込む大きな原因になるのに違いないと思った。

こういったアメリカ海兵隊幹部の考え方は、アメリカの多くの人々の思いにもつながっている。アメリカ政府は沖縄を日本に返したあとは、その防衛についてはアメリカが責任を持つ必要はなく、日本が努力をするべきであるという考え方が基本になってきた。

こうした状況は、当然のことながら中国側に伝わっているはずである。その状況をもとに私はこの本の冒頭に書いたように、尖閣列島と沖縄本島を中国が不法に奪い取るという架空のシナリオをつくりあげた。

中国の習近平からすれば、アメリカが沖縄という戦略上重要な拠点を日本に返してしまい、戦闘部隊を引き揚げてその防衛の責任を放棄したことは、西太平洋全体を奪い取るという野望を満たす絶好のチャンスになる。

沖縄という西太平洋における重要な戦略拠点をアメリカが手放したのは、歴史上珍しい行為と言える。世界の歴史を振り返っただけでも、激しい戦いの末に奪い去った領土を、かつての敵に簡単に返すなどという行為は、例外的な出来事であった。

こうしたアメリカの行為は、植民地を持ちたくないというアメリカ国民の基本的な総意から出たものだが、朝日新聞などマスコミを先頭とした沖縄の革新派の人々が執拗に続けている反米的な動きも影響していた。

アメリカが日本に沖縄を返還し、戦闘部隊を引き揚げるという行為は、軍事的に見れば、西太平洋全域に大地震のような衝撃を与えるものであった。中国側から見れば、アメリカ軍の軍事力が後退し、まさに宝物が目に前に放り出された、という感じであったはずだ。

アメリカ軍が引き揚げたあと、日本が本格的な沖縄本土防衛の努力をしなければ、中国による沖縄占領が架空のシナリオにとどまらず現実になる。いまの沖縄の状況は、日本が平和憲法に基づいて信頼している国際社会の善意というものが、本当に信頼できるかどうかを量る絶好のバロメーターになる。

日本では第二次大戦に敗れたあと、アメリカ軍の占領のもとで平和が保たれたが、国民のほとんどは国際社会の善意を信頼するという昭和憲法を単純に、しかも素直に信じ込み、平和がやってきたのだと錯覚した。

しかしながら世界の歴史と国際情勢を見れば歴然としているのは、国際社会というのは無法と不法がまかり通る残酷なジャングルだということだ。アメリカが戦闘部隊を引き揚げた後、平和憲法を信奉する日本が強力な軍事力で守ろうとしない沖縄は、まさに盗賊の前に放り出された宝物である。

アメリカ軍が撤兵して、軍事的にひ弱な少数の自衛隊によって防衛されている沖縄がやがて中国によって占領されることが、空想と虚構の世界の出来事ではなくなる。しかもそれが現実になった場合には、日本が沖縄という国土を取り戻すために戦わなければならない。

沖縄が中国に侵略されるということは、架空の出来事ではなく、明日起きてくる現実である。それを防ぐためには、国民は犠牲を払わなければならないこと、戦わなければならないことを覚悟しなければならない。

沖縄が中国の不法な侵略によって奪われてしまうというのは、現在の西太平洋の現実そのものなのである。そうした混乱から西太平洋を取り戻し、平和と安定を勝ち取るために日本は何をなすべきか、真剣に考える努力を始めなければならない。

第二部　日本の技術で台湾の核武装を助ける

アジア西太平洋が習近平の飽くなき野望によって侵略され、大きく変動しようとしているいま、日本はアメリカ軍が完全に撤兵したあとも世界の善意によって日本の安全が維持されるなどという神話を、打ち捨てなければならない。

そのためには日本の軍事力を、これまでとは次元の違ったレベルに大きく変革する必要があるが、それと並行して中国が仕掛ける戦いの第一線である台湾防衛のために日本が本格的な協力をする必要がある。

一九九〇年代、アメリカ軍が日本から引き揚げを始めようとした頃、日本と台湾の強固な軍事同盟が必要であるという構想があった。日本の援助によって台湾が核装備を推し進め、中国の野望に対抗しようという構想である。

この構想は、表面的にはいまのところ消え去ったように見えるが、アジア西太平洋の安定化を図るためには避けて通れない道である。

台湾が日本の協力を得て核装備をするという予測を明確にしたのは、アメリカ国防総省政策担当副長官のもとで作成された一九九九年夏の特別報告であった。この報告はアメリカ海軍大学で行われたウォーゲームのまとめとしてつくられ、「アジア２０２５」という表題をつけられアメリカ議会に送られた。

この報告は一四七頁で、アメリカ国防総省の政策、研究文書としてはあまり大部ではなかったが、「アメリカ国防総省の陰の政策立案者」「世界最後の軍師」とまで言われたアンドリュー・マーシャル顧問が全力を挙げて取り組んだもので、台湾の将来だけではなく、東南アジア情勢の方向を予想するものとしてそれ以降も重要視されてきた。

そのなかでもっとも注目されたのは、台湾が独立を維持するためには核兵器を開発する必要があり、日本の協力を得れば二〇二五年には核兵力を持つことができる、と予測したことであった。

当時、ワシントンの専門家のあいだでは、日本が核兵器をつくる能力をすでに持っており、コンピュータのシミュレーションでは核兵器をつくることに成功したと考えられていた。一九九九年夏のアメリカ海軍大学におけるウォーゲームの報告でも、コンピュータのシミュレーションで日本が簡単に核兵器をつくることができるという報告がなされていた。

核兵器の製造というのは、私がこれまで何度も指摘してきたように、さして難しいものではない。圧力が均等に加わる球形状のものをつくり、内部を均等にしたうえで核物質を入れ、強力な爆発を起こさせれば、その球の中で核分裂が起き、爆弾になる。

純度の高いウランが手に入りさえすれば、誰でも核兵器を製造して持つことができるという考え方も一般的であった。そうした状況のなかで、「中国側の強力な圧力を撥《は》ね退《の》けるため、台湾が日本の協力を受け核兵器の製造に成功する。それが二〇二五年になる」という予測が行われたのであった。

この海軍兵学校におけるウォーゲームのシミュレーション、シナリオのなかで決められた結論が、すでに述べたように、「アジア2025」という表題で議会に報告された。その報告そのものが、現在のアジア西太平洋における中期的なアメリカの核戦略となったのである。

この一九九九年七月二十五日から八月四日まで開かれたウォーゲームを実質的に取り仕切ったのは、アメリカの国家戦略を陰で構築していたと言われているアメリカ国防総省の特別顧問アンドリュー・W・マーシャルであった。

国防総省のマーシャル特別顧問は、「アメリカ国防政策の陰の軍師」と呼ばれていた。国防総省のどこにオフィスを持ち、どんな組織を使い、何をしているかは噂として存在するだけで、いっさいが不明だった。

一九七〇年代から八〇年代にかけて私は、外国人ジャーナリストとしてはきわめて稀なことだったが、ペンタゴン国防総省記者クラブのメンバーに認められた。ペンタゴンの記者クラブは国防総省の五角形の建物、五層の建物が重なり合った一番外側のEリンクの中にあった。八〇一号室だった。その部屋の一角に、私は机と電話をもらって活動を始めた。

朝早くから夕方まで、長い国防総省の廊下を一日平均すると四、五キロも歩いたと思うが、いま言った噂の主であるアンドリュー・マーシャルの影も形も、そしてオフィスすら見つけることはできなかった。

ところが一九九九年七月二十四日、アンドリュー・マーシャルが中国の将来についてのアメリカ始まって以来の本格的な研究とウォーゲームを始める前日、どこからともなく私の手元に招待状が届いた。

ワシントンからシャトルでボストンまで飛び、そこからニューポートの海軍大学の大講堂に駆けつけると、ウォーゲームの黒子役とも言うべき審判団が隠れているスクリーンの後ろにペンタゴン記者団の席があり、そのなかに私の名札のついた椅子があった。

座って「アジア２０２５」と書かれた文書を調べながら見回すと、すぐ後ろに「アンドリュー・マーシャル」という名札のついた椅子に小柄な老人が座っていた。噂のアンドリュー・マーシャル特別顧問であった。アメリカのどこにでもいるような目立たない老人で、アイロンがピシッとかかったワイシャツと背広を着て、端正に背中を伸ばして座っていた。

アンドリュー・マーシャル特別顧問は、限りない予算を使う権限を与えられており、独自のスパイ網を行使して、中国国内の軍事基地にまでエージェントを送り込んでいた。そうやって集めた情報をもとに、一九九九年七月二十五日から、アメリカの対中国戦略の歴史のなかでもいまだにその名が鳴り響いている「アジア２０２５」ウォーゲームが始まったのであった。

「アジア西太平洋における中国の侵略に対応し、平和と安定を取り戻すために日本は国家の安全を国際社会の善意に基づくという神話を捨て去ることから始めなければならない」と述べたが、その決断に続いて必要なのは、核兵器についての新しい戦略をつくりあげることである。

現在はあまり大きな声では言われていないが、台湾の核装備を日本の技術力で援助し、新しい核体制をアジア西太平洋において確立することが必要になる。それが日本にとって難しいと思われるのは、日本は核爆弾によって凄まじい被害を受けたことにより、「核兵器反対」という絶対的な考え方が強いからである。

日本では、「核兵器による大量殺戮は、人類としては受け入れられない。したがって核兵器は使えない兵器である」という考え方が強い。しかしながら、世界が中国の侵略に晒《さら》され、共産主義化してしまうという危険に対し、「核兵器は使えない」という単純な決断を推し進めることはきわめて難しい。

共産主義に世界が乗っ取られ、非人道的な社会ができるのを、核兵器を使わないまま受け入れてしまうことが人類の歴史から見て正しいかどうかを判断し直す必要がある。

核兵器とは使えない兵器ではなく、被害が甚大であるために使わないでおくという兵器であり、敵がある一線、レッドラインを越えた場合には使わざるをえない兵器なのである。

その判断を行うのが政治家であるはずだが、日本ではその判断をあらゆる政治家が停止してしまい、核兵器を「使わない兵器」というのではなく、「使えない兵器」として封印してしまってきた。

ところが、アンドリュー・マーシャルの「アジア２０２５」の結論は、「このまま放置すれば、台湾が中国の影響力に抗しかねね、共産主義の軍門に下るのは避けられない」というものだった。そうした人類の歴史を滅ぼしてしまうような状況に対して、日本の協力を得たうえで、台湾に核装備をさせるという構想が生まれたのであった。

いまや西太平洋は、とどまるところを知らない中国の侵略に晒されて、大きな動乱に巻き込まれようとしている。それを防ぐためにも、抑止力としての核装備はいつまでも避けては通れない問題となっている。

日本が核装備をしないという国民の総意に基づいて政治が行われているのは事実であるが、いまやあらゆる新しい技術が核兵器の製造に関わり合っている。日本の技術によって台湾が核装備を行い、中国の果てしない侵略の防波堤にならざるをえない状況になりつつある。日本の技術が台湾の核装備を助ける、という冷酷な現実を避けては通れなくなっている。

第三部　在日米軍総引き揚げのあとは日本が埋める

二十一世紀の初頭、アジアの安全保障にとってもっとも重要な新しい問題は、アメリカの戦闘部隊が完全にいなくなってしまい、アジア西太平洋全域にわたって不安定な状況が生じたことであった。

この新たなる危機に対応するために、日本としては経済力と政治力の大きさに見合った、強い対中国政策をとる必要がある。その努力をすることが、日米関係を強固なものにし、アジア西太平洋の安定化を早める唯一の道である。

アメリカ政府はこうした状況に対し、アジア西太平洋における空軍兵力や海軍の戦力を強化することによって対応できるという姿勢を取り続けている。

アメリカ政府の戦略家たちがまったく気がついていないのは、ある地域の安定と平和というのは強力な国家の地上兵力によって保たれているということであり、アジア西太平洋においてはアメリカ海兵隊とアメリカ陸軍の戦闘部隊がその任務を果たしてきたということとである。

しかし現実には、韓国に駐留していたアメリカ陸軍の行政部門や情報担当部門を除いてそのほとんどすべてがアメリカのハワイと西海岸に戻ってしまい、実質的には朝鮮半島にアメリカの地上戦闘部隊がいなくなってしまっている。

私は長いあいだ朝鮮半島の軍事問題を取材してきた。

息子のブッシュ大統領の政権下、ラムズフェルド国防長官やチェイニー副大統領の決定により、三十八度線沿いに展開していたアメリカ軍が朝鮮半島南部に引き揚げ、その後は順次、ハワイとワシントン州の基地に戻ってしまった。アメリカ海兵隊はオバマ大統領の決定に基づいて沖縄をカラにし、その半分がオーストラリアのダーウィンへ、そしてもう半分は中東戦争に出動してしまった。

これは軍事的に見れば明らかに失敗だった。アメリカは、アジア西太平洋という中国の野望が混乱をもたらしている地域から、アメリカの軍事力を総引き揚げすることの意味を考えるべきであった。

それ以降、アメリカ政府が行ってきているのは、すでに述べたように空軍兵力と海軍戦力の強化である。ところが空軍兵力、海軍兵力ともにアジアに常駐するとはいえ、基本的には、軍事的には有事駐留という形をとることになる。つまりアジア西太平洋の各地で不安な状況が起きた場合には、対応するため、急遽《きゅうきょ》アメリカ本土から出動するという体制をとる。

この戦略は「緊急出撃体制」と呼ばれているが、正確には「アジアで緊急事態が発生した場合、アジアからではなく、オフショア、アジアの域外から出動する」という戦略である。

この戦略のためにアメリカがとった政策というのは、地上部隊をアメリカ本土から大量に送り込むための輸送体制の強化である。C－17輸送機や、その輸送に必要な燃料輸送用のタンカーを開発し、体制を充実させることだった。

海軍もまた新しい空母や潜水艦を開発し、横須賀、グアム、シンガポールの基地を強化しているが、やはり基本的には、有事の際には外部から駆けつけるというオフショア戦略となっている。

こうしたアメリカの新しい戦略を裏づけているのが、各種ミサイルや、新しい航空機、潜水艦による攻撃体制であり、その攻撃に使われる拠点攻撃用の精密攻撃兵器である。

アメリカの大陸間弾道弾は数千キロを飛んで、誤差十数メートル以内に命中することができると言われたが、新しい精密爆弾やミサイルは、同じ数千キロを飛んで、何センチという誤差で命中し、しかも頑強《がんきょう》に防御された地下基地を破壊する能力を持っている。

こうしたアメリカ軍の新しい編成や、新しい兵器体系の配備によって、アジア西太平洋におけるアメリカの戦力が強化されていると、アメリカ政府や戦略専門家はしきりに宣伝している。

オバマ大統領が主張していた新しいアジアへの展開というのは、そういった宣伝の典型と言うことができる。しかし現実の問題として考えると、地上部隊がいなくなり、しかも遠方からの兵器による安全保障体制が安定した平和の状況を保つという目論見は、戦争と政治の現実を理解していない。

いまアジア西太平洋で起きている問題は、韓国のアメリカ軍が事実上すべて引き揚げたあと、在日米軍、海兵隊がいなくなってしまい、そのあとを中国が埋めようとしていることである。この状況はアジア西太平洋における新しい現実であり、深刻な危機の発生と言える。

アメリカがあえてアジア西太平洋戦略の転換を行ったのは、中国と並行して大国としての立場を固めつつある日本に対する期待が大きかったからである。アメリカの戦略家たちは、アメリカ戦闘部隊がアジア西太平洋から引き揚げてしまったあと、中国の侵略的な行動に対抗するためには、日本の軍事力が大きく役立つと考えていた。というよりも、経済大国になった日本の軍事的な決意、姿勢というものに強く期待したのであった。

この一九九九年当時、アメリカ軍が日本とその周辺から総引き揚げを始めた頃、日本についての考え方はきわめて安定したもので、同盟国としての日本の能力に信頼を置いていることは明確であった。北朝鮮の核装備の問題から始まって、韓国の反日的な政策が日本の安全を脅かすものであり、日本がアメリカの同盟国としての立場を維持しながら安全を確保するのを手助けするという基本的な姿勢が見られた。

一九九九年の海軍大学でのウォーゲームを見る限り、日本という国が先進国としての十分な軍事力を持っておらず、自衛隊という中途半端な軍事力しか持っていないにもかかわらず、アメリカが同盟国として日本の安全を信頼していることは明確であった。

アメリカは、日本が昭和憲法のもとで十分な軍事力を持っていないにもかかわらず、アメリカの同盟国としての立場を維持していると理解していた。日本の在日米軍に対する財政上の配慮や、政治的な気の配り方、さらには核兵器についての考え方についてアメリカ側は、日本が同盟国としての義務を果たしていると認めていた。アメリカ国防総省の政策担当の責任者が、私にこう言ったことがあった。

「日本は核兵器を持たないという原則を維持している。世界の常識からすれば大量破壊兵器を持たないことになっている。しかしながら現実には、日本政府はいつでも核兵器を持てる体制を維持し、持てる能力をも保持していることを隠そうとはしていない」

このことは、日本が核爆弾や大量破壊兵器を持っていないとはいえ、政治的に考えると、いつでもどのような形にしろ、核兵器を保有できる体制にあり、不法な核攻撃に対しては報復し、戦うという姿勢をはっきりと示している。

一九九九年のアンドリュー・マーシャルのウォーゲームの際には、日本が核兵器を持たず、アメリカの軍事力に頼ってはいるものの、国家としての戦う責任を断固として維持し続けていることが、アメリカ側に受け入れられていた。

私は冷戦時代、ペンタゴン記者団の一員として国防長官や国防次官と行動を共にし、特別機で世界中を飛び回っていた。すでに述べたように、アメリカがもっとも力を注いでいたヨーロッパ防衛のための合同訓練には、ワシントンからドイツに飛び、長いあいだアメリカ軍の部隊と行動を共にした。

このときの経験からすると、国防総省の担当者や軍人たちは、日本の自衛隊や政治家をはっきりと同盟国の一員として受け入れており、戦わない憲法をあまり問題にはしていなかった。自衛隊が実際に軍事行動の経験がないことや核兵器を持っていないことも、同盟体制を維持するうえからは支障ないと考えていた。

しかし現在のアジア西太平洋における軍事的な混乱ぶり、中国の侵略に対する体制が十分にとられていないことを考えると、日本に対する期待が大きすぎたのではないかと思われる。

いま日本にとって必要なことは、アメリカとの同盟体制を維持しながら日本の安全を図り、アジア西太平洋の安定化を図るならば、軍事力を強化し、中国に対して断固として戦う姿勢を明確にすることである。

第四部　東南アジアを中国には渡せない

中国の習近平がウイグル民族に対する非人道的な弾圧、ジェノサイドによって世界中から非難を浴び、貿易がうまくいっていないなかで頼りにしているのは東南アジア諸国の市場である。中国の問題について詳しい専門家は、こう言っている。

「ヨーロッパに対する輸出が制限され、国内経済が陰りを見せてくるのは避けられない。それを埋め合わせるためには東南アジアの市場が重要になってくる」

習近平の飽くなき野望を食い止めるためには、東南アジア諸国を中国の手に渡してはならない。そのための努力に、日本は国家と国民が全力を挙げるべきである。

少し前のことになるが、「日高義樹のワシントン・レポート」という報道番組の制作を続けていた頃、その取材の延長線上でアジア各国の防衛問題の専門家、国防大学の責任者などに東京に集まってもらい、アジアの安全保障政策について意見を交わしたことがあった。

このときのカンファレンスは、トヨタ自動車の友人の援助で、紀尾井町のトヨタ倶楽部の会議室で開いたが、オーストラリア、シンガポール、マレーシア、タイの国防大学や士官学校の関係者らが出席し、私の個人的な関わり合いから台湾の国防大学も参加を希望していた。

この集まりは非公式なもので、それぞれの国家とはまったく関わりのないものであったが、アジアの国々の軍人たちが話し合う貴重な会ということで、友人の海上自衛隊の幹部たちも参加してくれた。

私が長年にわたる取材を通じて知り合った人々は、私がアメリカ政府の外務省、つまり国務省とは関わりがなく、逆にそういった外交ルートとは関係のない大統領の側近や、アメリカ議会の有力な政治家と親しく、非公式なアメリカの政治と関わっていることを承知していた。

この会議や、そのとき開かれたレセプションなどで明確になったのは、各国の軍事関係者や責任者が、日本外務省やそれぞれの国の外務省とは関わりなく意見を交わし、対中国戦略を固めようという気迫を持っていたことだった。このときに話し合った対中国戦略は、二〇〇一年に登場した四十三代大統領ジョージ・ブッシュのアジア政策にはっきりと表れることになった。

アジア諸国の軍事関係者たちからすると、日本をはじめアメリカの外務当局は国連や国際世論におもねり、中国に対して厳しい政策をとるのをためらってきた。中国が台湾に対して圧力をかけたり不法な介入を行ったりしても、日本やアメリカは断固とした政策をとれないでいた。

二〇〇〇年の大統領選挙で民主党のアル・ゴア候補に僅差《きんさ》で勝ち、大統領の座に就いたジョージ・ブッシュは、アメリカの保守勢力を結集して、あっという間に中国に対する強硬政策を確立した。

この対中国強行政策を確立したブッシュ・グループは、カール・ローブ大統領特別顧問、カレン・ヒューズ大統領カウンセラー、アメリカ・コンサバティブユニオンのデイビッド・キーン議長などが中心になっていた。その後、リチャード・チェイニー副大統領、ドナルド・ラムズフェルド国防長官、コンドリーザ・ライス国家安全保障担当補佐官、ローレンス・リンジー国家経済担当補佐官、それにポール・ウォルフォウイッツ国防副長官などが加わることになった。

いま挙げた人々は日本外務省やアメリカ国務省といった外交ルートとはまったく関わりのない人々で、アジアの国々の国防担当者たちが関係を持つことは不可能に近いほど難しかった。だが結果的には、私が東京で開いたカンファレンスの意見がワシントンの保守グループにつながり、新しいブッシュ政権による対中国強硬戦略になっていった。

アジアの国防担当者たちからすると、日本のルートを通じてアメリカの保守グループとの関わりが強まり、アメリカ保守勢力が断固とした対中国政策をとることになったのは、きわめて心強いことであった。

こうした繋がりは、台湾にも当てはめることができる。すでに述べたように私は、台湾国防大学の講師をしばらくのあいだ務め、李登輝総統とも話し合う機会があったが、台湾政府の首脳が常に懸念していたのは、アメリカ政府とアメリカ保守勢力の動向であった。

そうした動きを日本政府や日本外務省、各国の外務省が拾い集めることは、ほとんど不可能である。各国の外務省の仕事といえば、主として儀礼上のプロトコルの問題を扱うことであり、国際関係を支障なく動かすことである。

外務省当局がある方向に動くとするならば、それは戦争状態のもとでのことである。ところが軍人たちは、そうはいかない。平時にあっても国の安全を求め、戦っている。そうした活動のための情報収集を行う努力を、日本はこれまで行ってこなかった。このことが、日本を「アジアの孤児」だと言わせることになっている。

日本という国が外国との問題をすべて外務省に頼ってばかりいるというのも、正しい見方ではない。というのは、実際にアジアの国々と接触をしてみると明らかなのは、日本の政治家のなかにも、独自の資金源と情報網を通じてアジアの国々と特別な関係を築いている人が少なくはない。

古くはインドネシアやマレーシアなどの石油企業と特別なパイプを設置し、国家を超えた活動を続けた岸元総理である。台湾問題で言えば、石原慎太郎氏である。ほかにも上原正吉衆参両院議員総会長など少数の保守派の自民党議員をはじめ幾人かの政治家が、外務省の枠を越えてアジアとの関係を独自の力で切り開いている。

今後日本にとって必要なのは、新しい国家主義の時代に入り、国家の対立が激しくなるなかで、日本の利益を守ろうとするならば、こういった外務省の枠を越えたアジア諸国との関わり合いを強化することである。

アメリカの場合は、もともと国民が政府の活動というものを信頼していない。「国務省は外国のスパイの巣だ」などという批判も耳にする。アメリカでは、国務省以外の多くの政府機関、さらには企業が独自の外交ルートを通じて、外交活動をくり広げている。

もっとも、こうした活動があまりにも活発で、多くの機関が介入しているところから、政治的に多くの問題が生じてしまっているのがアメリカだ。「アメリカという国の国益とはいったい何なのか」「国の利権を代表するのはどこなのか」という問題が常に生じている。

しかしながらこの問題から生じてくる戦いや闘争は、アメリカの国際活動を強化し、国のエネルギーを高めることに役立っている。アメリカのこうした無秩序とも見られる政府の枠を超えた国際的な活動は、これから始まる新しい国家主義の時代に、ますます強力になってくると思われる。

日本の外務省やアメリカ国務省の仕事というのは、国際秩序の維持であり、何事も国際条約の条文通りに当てはめようという、いわばプロトコルである。こうした官僚の世界というのが新しい国家主義に当てはまらないことは、歴然としている。例えば、いま世界の注目を集めているミャンマーのクーデターの問題である。

日本政府には外務省の介入以外に手の施しようがないように見える。しかしながらアメリカＣＩＡなどの情報によれば、ミャンマー軍部というのはその歴史を見ると、複雑多岐に分裂してしまっている。その分裂が激しいために混乱が続き、国民の犠牲が増えているというのが、アメリカＣＩＡ当局のなかば公式の見解である。

ミャンマー軍部のなかでも、現在の中国に近いグループが力を持っている。これは中国がミャンマーのラングーンを、中国のための石油基地としてつくりあげ、軍部と経済的に深い関係を持ち始めたからである。

この「中国派」と言われる軍人たちを除くと、その前の時代にミャンマー軍を動かしたのは「国粋派」と言われるグループで、アメリカＣＩＡの分析では、スーチー首相を支持するグループもそのなかに含まれている。

スーチー首相がイギリスの教育を受けた女性であることは広く知られている。このスーチー派によって追い出された古い軍人たちが、古くは「日本派」と呼ばれる人々であった。もはやそのほとんどが現役を退いているが、家族主義のつながりが強いアジアでは、古い軍人たちがいつまでも影響力を持ち続けている。

そうした古い軍人たちだけでなく、太平洋戦争のときに現地で乱暴な行動をとらなかっただけでなく、イギリスからの独立を助けようとした日本に対して、ミャンマーの人々は基本的に悪い感情を持っていない。

私の身近にもこの占領時代を経験した人がいるが、アジアとの関係を日本が深めるにあたっては、外務省や現職の官僚たちによる外交を越えた歴史的な、あるいは民族的なつながりによる政策が重要になってくる。

この問題については、反日的なアメリカのマスコミや一部の中国系のマスコミが日本非難を続けているが、そういった雑音を越えて日本は、外務省などによる官制外交ではない幅広い民間ルート、企業や個人関係を規範にしたアジアの国々とのつながりを強めていく必要がある。こうした日本民族全体によるミャンマーをはじめ、タイ、ベトナム、インドネシアなどといった国々との新しい関わり合いが、日本のアジアにおける地位を安定させ、経済活動を強化することにつながってくる。

問題は、お上意識の強い日本政府が、外務省の枠や国際機関を無視した動きにあまり協力的ではないことである。しかしながら、新たな民族主義の高まりのなかで、日本という国が安定した地位を獲得するためには、いま述べてきたような、政府の枠を越えた幅の広い国際戦略、国際行動が欠かせなくなってくる。

第五部　新しい強い指導者が日本の消滅を防ぐ

現在、日本が直面している危機について、尖閣列島が占領されるという仮定で話を始めた。そしてこの話の結末は、やはり仮定のことではあるが、「日本消滅」という問題を避けては通れない。

「日本消滅」という仮想は、歴史の現実から見ればありえない。歴史は存在し続け、人類もまた何らかのかたちで生きながらえていく。それにもかかわらず、ここで「日本消滅」という仮想を提起したのは、現在の状況が続けば、日本という国が政治的な存在を続けるのがきわめて難しいことを示したいからである。

「政治的な存在」と述べたが、軍事的に言えば日本はいまや本当に消滅の危機にある。すでに詳しく述べてきたように、軍事力の世界はいまや長距離ミサイル、拠点爆撃の時代に入っている。東京をはじめ日本という国土が数千キロ先から長距離ミサイルや、長距離を飛ぶ爆撃機によって攻撃を受け、壊滅することは想像ではなく、実際に起こりうることである。

これまでの戦争というのはまず、戦いの準備から始まり、実際に目標が攻撃されるまで相当の時間を要するのが常識であった。核戦略が一般的に考えられたケネディ時代以降、ワシントンがミサイル攻撃を受けた場合、避難するには三十分の猶予期間しかないと言われた。しかしながら、いまやその三十分を想定することも危うくなっている。

世界はいまや国家主義対立の時代に入り、利害の対立はこれまでになく過酷なものになっている。しかもそうした国家主義対立のなかで、国家の指導者の適性や能力、見識などを考えると、誰も安心していられるはずがない。

いま世界を見回すと、長距離ミサイルや長距離爆撃機で攻撃を仕掛けることができる国は限られている。中国、ロシア、そして北朝鮮である。イギリス、フランスもその能力がないわけではない。

中国の習近平、ロシアのウラジーミル・プーチン、北朝鮮のキム・ジョンウンという三つの敵性国家の指導者が、どこまで正常な人間であるかどうかは、きわめて重要な問題である。

習近平が何百万に上る香港の人々の権利を踏みにじり、自由や生活を奪ったことは記憶に新しい。習近平は少数民族のウイグル、チベットの人々を弾圧するだけでなく、抹殺しようとしている。

同じように民族抹殺を図ったヒトラーや、アフリカ、東欧の独裁者たちは、狂人だったとして歴史のなかで片付けられてきたが、習近平については狂人だという評価はなされていない。

ロシアのウラジーミル・プーチンが登場以来やってきた虐殺行為は、習近平に劣らない。ロシアに反抗するチェチェン民族に対する残忍な行動は習近平よりもひどい。チェチェン共和国に対するロシア軍の容赦ない攻撃もさることながら、モスクワの劇場に立て篭《こ》もったチェチェンのテロリストに対して、平然と毒ガスによる攻撃を命じた。

キム・ジョンウンも、反抗する勢力に対する処刑や、身内への暗殺など様々な残虐行為を続けている。習近平やウラジーミル・プーチン、キム・ジョンウンの残忍な行動は主としてアメリカをはじめとするヨーロッパのマスコミが伝えたもので、事実か、誇張されたものか、判断は難しい。しかしながら、その周辺から漏れてくる情報から多くの人々は残忍な行動が行われたと認定している。

習近平やウラジーミル・プーチン、キム・ジョンウンが重ねている残忍な行動は、人道的で民主的な世界を目指してきた人類の歴史をすべて否定する恐ろしいものである。

こうした国家指導者たちによる残忍な行為は、コロナウィルス災害にも当てはめることができる。ウィルスが発生したことを知りながら、適切な措置をとらず、世界中に拡散させた習近平の行為はもとより、感染を予防し抗体をつくるためのワクチンの製造を妨害したり、あるいは促進することをしてこなかった国々の指導者の行為にも当てはまる。

日本の指導者は、中国武漢の研究所から漏れたという話が事実か否かにかかわらず、当然考えられるコロナウィルスの蔓延に備えて、なぜ前もってワクチンの生産に全力を挙げなかったのか。これは菅首相だけでなく、その前任者である安倍首相についても言える。

我が国では企業利益優先が行きすぎ、目先の利益を求めるあまり、新しい薬の開発が行われないできた。新薬の開発についても間違った判断基準を適用し、大学の研究者と企業が協力し合うことを妨害してきた。そうした体質が原因で、日本ではコロナウィルスのワクチンの開発が大きく遅れたのである。この問題だけでも、我が国における指導者の責任はきわめて重い。

アメリカにおいてはトランプ前大統領の政策が的中し、世界に先駆けてワクチンの製造に成功した。アメリカのマスコミはこの功績を認めず、依然としてトランプ批判を続け、ワクチンの普及を、実際には何らの努力をしなかったジョー・バイデンの功績として褒《ほ》め称《たた》えている。

こうした事実を客観的に調べれば、日本の菅首相や安倍前首相、アメリカのバイデン、そしてヨーロッパの国々の元首たちのすべてがその責任を問われることになる。

こうしたきわどい、難しい問題について責任の追及が行われないまま放置されているのは、いまの世界、そして時代では、政策を決め、決定し、実行する責任者は誰かという問題がなおざりにされているからである。

人類の歴史を翻《ひるがえ》ってみれば明らかなのは、指導者とは決断し、決定し、その決定を実行する存在なのである。我が国においてこの問題がなおざりにされてきたのは、第二次大戦が終わって以来、軍事と外交はアメリカ任せという、ねじ曲がった政治が続いてきたためである。

しかも、国民の安全を守る新型コロナウィルスワクチンの開発・製造は、軍事・外交の問題ではなく、国内政策の決定に関わる問題である。私が「日本消滅」という想定上の問題を強調しているのは、国民の滅亡を起こしかねない病原菌の伝染に対して、一国の責任者である総理大臣や政治家がなんらの決断、決定を行なえずにいるからだ。

国家主義対立の時代、新型コロナウィルスのパンデミックの最中、よその国を助ける指導者はいない。世界的に増え続ける患者を救うために、政治的なジェスチャーを除いては、ワクチンを外国に提供しようという指導者はどこにも見当たらない。

逆にヨーロッパでは、日本など外国に対するワクチンの輸出を制約している国も出てきている。これに対して日本の指導者である菅首相には、ワクチンを製造するための国家的なプロジェクトを立ち上げ、大量に開発、製造する気迫も度量もない。

いま日本が置かれているワクチン接種の状況は、どうしようもないほどひどい。この本を書いている五月中旬現在、世界の一九六カ国の中で一二九位、先進国の集まりである経済協力開発機構（ＯＥＣＤ）加盟三七カ国の中では最下位である。日本はいまやパテント（特許）を無視してでも、外国のワクチンを国内で生産し、国民に与えるしかない状況に陥っている。

新型コロナウィルスのワクチンをめぐる情勢は、一般的に言われているほど余裕があるものではない。「ミュータント」と呼ばれるコロナウィルスの変異体は強烈な感染力を持ち、ワクチンを受けていない人々を選んで感染を拡大させ、まさに殺人鬼のような動きを始めている。

新型コロナウィルスに対する戦いは、いまや最終段階に入ろうとしている。戦いにとって必要なのは、強い決断力のある指導者であり、その指導者の実行力である。いま日本はあらゆる問題を超えて、新しい指導者を見つけなければならない。強い実行力のある指導者を選ぶのに、長い時間をかけている暇はない。コロナウィルスに対する戦いは、いまや第三次大戦の一部になっている。その戦いがもたらす被害は、新しい兵器による破壊や損害よりも大きなものである。

日高義樹（ひだか・よしき）

1935年、名古屋市生まれ。東京大学英文学科卒業。1959年、NHKに入局。ワシントン特派員を皮切りに、ニューヨーク支局長、ワシントン支局長を歴任。その後NHKエンタープライズ・アメリカ代表を経て、理事待遇アメリカ総局長。審議委員を最後に、1992年退職。その後、ハーバード大学客員教授、ケネディスクール・タウブマン・センター諮門委員、ハドソン研究所首席研究員として、日米関係の将来に関する調査・研究の責任者を務める。著書に、『世界ウィルス戦争の真実』（徳間書店）、『アメリカは中国を破産させる』（悟空出版）、『米中時代の終焉』（ＰＨＰ研究所）、『バイデン大混乱――日本の戦略は』（かや書房）など多数。

習近平が尖閣を占領する日

2021年7月30日　第1刷発行

著　者　日高義樹

発行人　岩尾悟志

発行所　株式会社かや書房

〒162-0805

東京都新宿区矢来町113　神楽坂升本ビル３Ｆ

電話　03-5225-3732（営業部）

印刷・製本　中央精版印刷株式会社

Printed in Japan

ISBN978-4-910364-08-7 C0031